运营公路路基湿度快速无损检测原理及应用

付 伟 潘喜才 游艳辉 王 云 著

人民交通出版社

北京

内 容 提 要

本书针对运营公路路基湿度检测问题,重点围绕路基湿度无损检测技术及工程应用,系统阐述了基于探地雷达和电阻率法的路基湿度无损检测方法,包括方法构建、室内模型参数、现场数据采集、数据处理及工程应用等方面。全书共7章,主要内容有:绪论、运营公路路基湿度无损检测方法构建与技术原理、典型路基路面填料电磁特性试验分析、无损检测设备现场参数配置、无损检测数据处理算法、运营公路路基湿度无损检测工程应用、总结与展望。

本书可供从事公路检测、养护及管理工作的技术人员参考,也可作为相关专业大专院校师生教学用书。

图书在版编目(CIP)数据

运营公路路基湿度快速无损检测原理及应用 / 付伟等著. — 北京:人民交通出版社股份有限公司, 2025.

4. — ISBN 978-7-114-20304-6

Ⅰ. U416.16

中国国家版本馆 CIP 数据核字第 2025SH3762 号

Yunying Gonglu Luji Shidu Kuaisu Wusun Jiance Yuanli ji Yingyong

书　　　名:	**运营公路路基湿度快速无损检测原理及应用**
著 作 者:	付　伟　潘喜才　游艳辉　王　云
责任编辑:	岑　瑜
责任校对:	赵媛媛　魏佳宁
责任印制:	张　凯
出版发行:	人民交通出版社
地　　　址:	(100011)北京市朝阳区安定门外外馆斜街 3 号
网　　　址:	http://www.ccpcl.com.cn
销售电话:	010-85285857
总 经 销:	人民交通出版社发行部
经　　　销:	各地新华书店
印　　　刷:	北京市密东印刷有限公司
开　　　本:	787×1092　1/16
印　　　张:	8.5
字　　　数:	209 千
版　　　次:	2025 年 4 月　第 1 版
印　　　次:	2025 年 4 月　第 1 次印刷
书　　　号:	ISBN 978-7-114-20304-6
定　　　价:	68.00 元

(有印刷、装订质量问题的图书,由本社负责调换)

前言

近 20 年来，我国公路发展取得了举世瞩目的成就，国家公路网建设日趋完善。截至 2023 年末，我国公路通车里程达 543.7 万 km，公路密度达到 56.6km/100km²，运营公路里程稳居世界首位。与此同时，我国也面临着巨大的公路检测、养护及管理市场需求。

在公路工程检测技术领域，路基属于隐蔽工程，其无损探测难度大，路基性能检测智能化水平较低。目前，公路路基湿度（含水率）检测主要采用开槽、钻孔等有损检测方法，这些方法效率低且对路面结构破坏大。随着交通强国建设战略的深入推进，加快传统公路养护与检测技术的数字化、智能化升级已成为重要方向，发展无损检测技术成为运营公路路基性能检测的热门话题。

中交第二公路勘察设计研究院有限公司承担着全国各地大量运营公路及改扩建工程的检测及养护设计工作，开展了包括"运营公路路基湿度状态无损检测技术研究""改扩建公路路基结构设计关键技术及标准化""高速公路改扩建工程既有道路检测评价应用研究"等课题研究，研发了一套联合多通道探地雷达（GPR）和电容耦合电阻率法（CCR）的路基含水率无损检测技术方法，对无损检测方法的构建、路基填料的电磁特性、检测技术参数的优化配置、数据分析算法等进行了系统研究。基于上述研究成果，作者团队结合多年工作经验，编撰了本书。

全书分为 7 章：第 1 章主要介绍公路路基湿度检测的技术问题和研究进展；第 2 章介绍 GPR、CCR 检测路基路面结构及含水率的方法原理，提出联合 GPR 和 CCR 检测路基湿度的方法框架及集成模式；第 3 章介绍典型路基路面填料在不同压实度、含水率状态下电导率、介电常数等电磁特性室内试验，分析路基压实填料电磁特性随含水率变化规律，建立典型填料的介电常数-含水率关系模型、电阻率-含水率关系模型；第 4 章介绍路基湿度无损检测技术的检测设备和现场数据采集技术要点，优选出 GPR 和 CCR 的关键参数配置与测试流程；第 5 章探讨无损检测数据处理问题,包括 GPR 数据处理算法、CCR 数据处理算法以及 GPR + CCR 数据联合反演算法;第 6 章介绍 GPR、CCR 和 GPR + CCR 识别路基含水率方法在不同地区、不同等级公路工程中的应用情况及效果,提出运营期公路路基湿度状态的"普查、详查、核查"分阶段检测技术体系;第 7 章为总结与展望。

本书的编撰得到了中交第二公路勘察设计研究院有限公司的大力支持。同时,武汉中交试验检测加固工程有限责任公司的何斌、张晨、刘帅、朱坤、张晶、王宏,以及中国科学院南京土壤研究所的韩雨迪、徐杰男,为本书的撰写提供了部分现场试验工作和室内试验资料。熊鑫、谢松林、阮艳彬、刘星进行了全书的校核工作。此外,本书的撰写也参考了国内外专家的相关文献资料。在此一并致谢。

本书可为公路试验检测、养护设计及管理人员的具体工作提供借鉴,也可作为相关专业本科生、研究生的教学参考书。

由于公路路基岩土材料组成及分布复杂,影响路基无损检测效果的因素繁多,路基湿度无损检测技术仍有许多问题需要进一步完善和持续研究。限于作者的认识水平,书中可能存在疏漏和不足之处,恳请广大读者不吝赐教。

作 者
2024 年 9 月

目录

第1章　绪论 ·· 1

1.1　背景 ·· 1

1.2　国内外研究现状 ·· 2

1.3　本书的主要内容 ·· 8

第2章　运营公路路基湿度无损检测方法构建与技术原理 ·············· 10

2.1　概述 ·· 10

2.2　多通道探地雷达(GPR)无损检测方法原理 ······················ 12

2.3　电容耦合电阻率法(CCR)无损检测方法原理 ···················· 15

2.4　联合 GPR + CCR 的路基湿度无损检测方法构建 ············· 21

2.5　本章小结 ·· 23

第3章　典型路基路面填料电磁特性试验分析 ·························· 24

3.1　试验方案 ·· 24

3.2　路面芯样介电常数-含水率关系 ···································· 32

3.3　路基填料介电常数与含水率关系 ··································· 34

3.4　路基填料电阻率与含水率关系 ······································ 43

3.5　本章小结 ·· 54

第4章　无损检测设备现场参数配置 ···································· 57

4.1　GPR 关键参数配置研究 ··· 57

4.2　CCR 关键参数配置研究 ··· 61

4.3　GPR + CCR 联合测试参数配置优化 ······························ 69

4.4　本章小结 ·· 73

第5章　无损检测数据处理算法 ··· 75

5.1　GPR 数据处理算法 ·· 75

5.2　CCR 数据处理算法 ·· 80

5.3 GPR + CCR 数据处理算法 ··· 82

5.4 本章小结 ··· 84

第 6 章 运营公路路基湿度无损检测工程应用 ··················· 85

6.1 GPR 检测应用案例分析 ··· 85

6.2 CCR 检测应用案例分析 ··· 89

6.3 GPR + CCR 检测应用案例分析 ·· 91

6.4 运营公路路基湿度分阶段检测技术体系 ································· 110

6.5 本章小结 ··· 114

第 7 章 总结与展望 ··· 116

7.1 总结 ··· 116

7.2 展望 ··· 119

参考文献 ··· 120

CHAPTER 1

第1章

绪　　论

1.1　背景

截至 2023 年底,我国公路通车里程达到 543.7 万 km,其中高速公路通车里程 18.4 万 km,稳居世界第一。随着国家综合交通网建设日趋完善,我国公路行业逐渐由大力新建向改扩建及养护过渡,加快公路养护与检测技术研发应用已成为当前交通行业发展趋势。随着人工智能、大数据、物联网等新技术在公路建设行业的深入应用,加快传统公路养护与检测技术向数字化、智能化升级,成为公路发展的重要方向和行业需求。

在公路检测技术领域,国内外在路面工程方面已建立了相对完善的集检测装备、评价体系、养护决策与维修技术于一体的成套体系,路面检测智能化水平较高。但在路基工程方面,由于路基属于隐蔽工程,探测难度大,路基性能检测智能化水平较低。路基湿度状态(含水率)是影响路基强度、稳定性的重要指标,也是评价路基运营状态的关键指标之一,直接影响到改建后道路的运营安全与使用寿命,因此,掌握路基湿度状态对道路维护及改扩建十分关键。目前,公路工程路基含水率检测主要采用开槽、钻孔等有损检测方法,这些方法效率低、对路面结构损坏大,此外,还有烘干法、电阻法、中子仪法、γ射线透射法、时域反射仪法(TDR)等路基土含水率取样检测方法,这些方法单点代表性差且测试效率低,难以在服役高速公路路基性能检测中大规模应用。因此,探地雷达、电阻率法及瑞雷波法等无损检测方法成为了在役高速公路路基工作性能检测的发展方向。

在路基含水率无损检测方面,目前已开展了一定程度的研究,在路基含水率的地球物理探测方法方面,大多采用单一的地球物理方法进行研究,由于地球物理方法解译受路基土压实度、含水率、矿物成分等多因素影响,不具有唯一性,同时由于路基被路面结构覆盖且由多层材料组成带来的复杂性,使得采用单一方法进行检测的准确度和精度难以得到保证。如高密度电阻率法反演得到的电阻率同时受压实度和含水率的影响,仅根据电阻率值难以区分这两个影响因素,因此难以对路基含水率做出准确的定量或定性判断。有研究表明,探地雷达、电阻率法等不同方法对检测指标具有互补性,多传感器检测数据相互融合的联合解译优化处理方法,是提高路基含水率测试精度的解决方案之一。

多通道探地雷达(GPR)和电容耦合电阻率法(CCR)联合测试路基含水率,将GPR探测获得的路面厚度及平均含水率等信息作为重要参数,加入CCR反演中,进一步约束反演计算。这种联合测试可提高路基含水率反演准确性,但联合反演的算法优化、参数设置、适用性等问题还有待进一步完善。因此,本书在已有研究的基础上,深入研究GPR和CCR等多方法联合反演测试技术,以提高路基含水率检测效率与精度,为路基改扩建工程的无损检测及评价、运营路基结构性能检测与病害的防治提供技术支持。

本书聚焦公路工程检测中路基含水率测试提质增效的问题,开展基于GPR和CCR联合的既有路基湿度状态无损检测技术研究,建立运营公路路基含水率无损检测方法,提升了在役高速公路路基性能检测效率与评价质量。同时,研究成果将形成标准化检测方法,有利于促进公路行业路基检测技术水平提升。

1.2 国内外研究现状

1.2.1 路基湿度状态演变规律

在自然条件下,公路路基的湿度变化主要来自于路面的降雨入渗和蒸发以及路基底部地下水渗吸的驱动(图1-1)。公路路基内部湿度变化主要受路面材料、地下水位深度、区域气候条件等因素影响。公路路基上覆的路面结构通常由混凝土或沥青材料建造,其渗透性较弱,因此公路路面的大部分降雨通过地表径流排泄到公路两侧的排水系统中,仅有少量水分渗透到路基顶部。当公路处于高地下水位区域时,路基湿度分布受地下水位波动影响显著。此外,区域气候的差异也会造成路基湿度分布的变化。比如我国北方和西北干旱地区,降雨量较小,但蒸发量较大,路基一般含水率较小;而南方地区降雨量大、频率高,路基湿度相对较高。此外,在北方季节性冻土区,公路路基经受冻融变化,导致路基水分随之发生迁移(Vaswani,1975)。

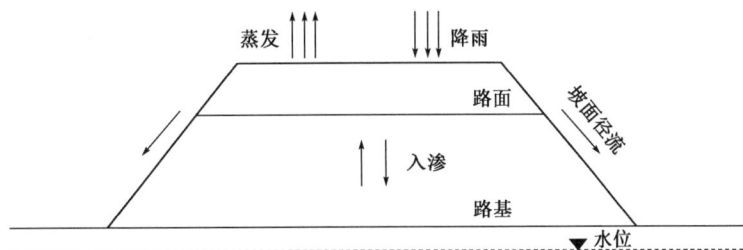

图 1-1 公路路基湿度变化机制示意图

公路路基自建设完工之日起,其内部水分与周围环境相互作用,公路经过长期运行后,其结构及压实度基本稳定,相应地,路基内部水分(湿度)也会与周围环境协调一致,呈季节性波动(Cumberledge et al.,1974;Abo-Hashema et al.,2002)。

1.2.2 路基湿度(含水率)测试技术

路基土含水率是路基设计的重要参数之一,路基土回弹模量等强度与含水率状态密切相关(Burczyk et al.,1994;Khoury and Zaman,2004;Mohammad et al.,1999)。填料含水率对路基施工的质量控制也至关重要,因为填料的最大干密度只有在最佳含水率下才能获得。在公路运营期间,路基土的高含水率常常会降低路基土填料的结持度和强度,从而诱发路基病害(Gunn et al.,2015)。目前工程主要通过损坏路基的方法检测路基真实状态(包括含水率、压实度、空隙率等),比如断面开挖、钻孔取芯等。然而,此类方法效率低且难以获取空间连续信息。

目前,室内检测路基土含水率的常见方法主要有烘干法、电阻法、中子仪法、γ射线透射法、时域反射仪法(TDR)法等。这些方法基于不同的原理,检测的成本和准确性有所不同。但有一些共同的缺点如下:①只能采用单点测量方式,较难实现空间上高分辨率的连续测量与区域采集;②测量体积仅限于受采集样品或测量传感器附近物质的含水状态,难以反映路基整体的含水率情况;③有些方法要求测量探头埋设在测量物质中或破坏路基取样后到室内测定,采样测试的方法会对被检测物造成一定程度的破坏。

在实际工程现场检测中,主要通过损坏路基的方式检测路基真实湿度状态,比如断面开挖、钻孔取芯等。然而路基开挖之后测得的土的性状与公路运营状态下的土的性状难以完全一致。此外,路基开挖之后会形成局部的缺陷点或薄弱处,对路基运营性能产生一定的影响。而通过现场无损检测手段,既可保证检测状态与运营状态一致,又避免了道路开挖的破坏,同时还可以随时提供后续评价的路基运营状态基础数据。

对于路基湿度状态的检测,无论采取以钻孔取芯为代表的有损检测方法还是以物探手段为代表的检测方法都存在不足。前者对某点上的检测相对可靠,但成本高且空间分辨率不足。后者可以实现无损检测且有一定的空间分辨率,然而普通的检测方法和模型算法存在着定量不足的缺点。

1.2.3 路基无损检测技术

无损检测方法不会造成被检测物体或结构破坏,逐渐成为路基快速检测的首选方法。目前路基无损检测方法主要采用地球物理探测技术,包括地震波法、电阻率法、瑞利面波法、电磁法(探地雷达)、核磁共振法等,常见的地球物理探测技术对比见表1-1,其中适宜用于路基湿度探测的主要物探方法有探地雷达、电阻率法等。

常见的地球物理探测技术对比 表1-1

序号	方法	基本原理	适用范围	优点	缺点
1	地震波法	利用反射波信号(波速)处理解释异常体	岩土界面、含水层水位、隐伏构造、病害	探测深度大	探测含水性不敏感
2	电阻率法	基于不同岩层的电阻率差异探测异常体	含水性探查或岩层定性评价	含水性评价效果较好	受高阻层影响大,精度低
3	瑞利面波法	基于波速沿深度方向衰减差异探测异常体	场地评价隐伏构造、病害等	方便快捷	含水性评价弱,探测深度较小
4	电磁法(地质雷达)	利用高频电磁波反射波速差异探测异常体	隐伏构造,土性参数	探测精度高	探测深度小,需要反射面
5	核磁共振法	利用水中氢核(质子)的弛豫特征差异探测地下水赋存特征	测定地下水层的深度、储水量	高分辨率、唯一解	易受环境信号干扰

探地雷达技术具有分辨率高、无损、高效等特点,其基本原理是利用高频电磁波在反射界面两侧物质的介电常数存在较大反差的情况产生反射来探测地下结构和地质结构,如沉积地层、地下洞穴、冻土以及冰川结构等(Bristow and Jol,2003)。探地雷达技术的应用始于20世纪初,受仪器性能和理论研究等因素限制,探地雷达初期的应用仅限于波吸收很弱的冰层、盐岩矿等介质中(Barringer,1965)。随着仪器信噪比的大大提高和数据处理技术的提高,20世纪70年代以后,探地雷达的实际应用范围迅速扩大。随着信号处理技术和反演方法的提高,探地雷达被用于工程领域更精细的结构探测,如路基结构、地下电缆等。近年来,探地雷达技术逐渐被引入土体学研究领域,除了传统的土体剖面结构的定性解译(如程竹华等,2003),土体结构以及土体内含水率的高精度定量观测得到进一步发展(Davis & Annan,1989;Lunt et al.,2004;Gehards et al.,2008;Pan et al.,2012a,b)。

探地雷达应用于定性识别路基病害的相关研究较多，实际应用技术已相对成熟。其主要应用研究场景包括室内模型试验方法、数值模拟路基裂缝的探地雷达反射波特征（Diamanti and Redman，2012；Krysinski and Sudyka，2013；李修忠等，2005；刘江平等，2004；卢成明等，2007；Solla et al.，2013），雷达波极化特征探测垂直裂缝（Tsoflias et al.，2004），应用探地雷达探测公路沥青路面裂缝特征以及裂缝的成因（Solla et al.，2014；范跃武等，2007；郭士礼等，2013；李成香等，2006），三维探地雷达方法追踪桥面裂缝（Benedetto，2013）、结构缺陷与路面损伤（Alani et al.，2013；Huston et al.，2000）。

在定量检测方面，探地雷达当前主要应用于路面面层研究。如应用探地雷达探测沥青密实度（Al-Qadi et al.，2010；Fauchard et al.，2013；Leng et al.，2011；Leng et al.，2012），基于修正的电磁波混合模型计算含水的沥青混合物介电常数，基于人工神经网络方法的孔隙度识别方法（Shangguan et al.，2014）等。为更精确地探测路面铺装层的厚度，对传统共中心点法（CMP）计算路面层的介电常数值方法进行了改进，并对方法进行了实地验证（Leng and Al-Qadi，2014）。此外，用不同频率的高频探地雷达（1GHz、2GHz）对路面沥青层的密度和含水率进行了探测研究，表明对同一种沥青材料，材料属性的评估与天线频率关系较小，但低频天线探地雷达天线的探测范围大，同时采用两种频率天线能对沥青材料沿深度方向上的密度各向异性特征进行研究（Plati and Loizos，2013）。

理论上，当路基内部或底部具有已知深度雷达波反射层时，探地雷达能对路基湿度进行快速、连续、高精度、无损探测（Grote et al.，2002）。但目前的研究多基于利用探坑或埋设已知深度反射层方法对路基湿度进行探测。应用探地雷达反射波方法对预设结构化人工填土渗透性进行了试验研究（Klenk et al.，2015），探地雷达可精准探测填土在水平方向和垂直方向的含水率变化过程。

在道路探测中，探地雷达具有抗干扰能力强、工作条件宽松、工作方法快速简捷、探测精度和分辨率较高等优点，但其探测深度通常较小，尤其受地下水位的影响较大。而电法和电磁法等技术（如高密度电法 ERT、大地电导仪 EM38）也可用于堤坝或公路含水率分布探测（余洋等，2006；Utili et al.，2015）。近年来，研究人员提出了利用电阻率法来测量路基土的含水率（Chambers et al.，2008；Jackson et al.，2002）。电阻率法能以二维、三维方式连续探测活动层含水率特征，并同时获取土的含水率和深度信息（Brunet et al.，2010），其探测深度能达到百米数量级，并能适用于黏土、高含盐量土的探测。已有研究发现，电阻率和土的含水率之间有较好的相关关系，根据对比电阻率和 TDR 方法对土的水分含量的测量结果表明，由电阻率测量方法得到的土的含水率时空变化特征的平均均方根误差为4.4%（Calamita et al.，2012）。这种非侵入性方法可以探测土体含水率的空间分布，并且可以通过重复调查或使用自动监测仪器来推断时间上的变化。这种方法的原理是土体的电阻率主要受其含水率控制。其中高密度电法技术较为成熟,但受硬化路面的影响,这种方法工作局限性较大,而CCR则克服了这一难点,它可以沿地面拖动连续采集且探测深度较大。通过电容向地下供电,并利用电容来测量地表耦合电位,CCR不需要接地,从而解决了常规电阻率法在表层电阻率高的地区难以布极、供电困难等问题。因此,该方法可用于研究公路路基的纵向、横向变化(如饱水性、空洞、塌陷等现象)。

以电法探测目标的电性差异为基础,通过向探测目标施加直流电流,观测其电场分布,反演得到检测目标内电阻率,进而分析目标体内异常体的空间分布情况。目前,高密度电法广泛应用于工程地质勘察中。李天成通过对大量理论模型的二维、三维地表与二维井-地和跨孔以及三维井-地电阻率数值模拟正反演研究,系统总结了从地表二维、三维到二维、三维井-地的响应视电阻率特征。刘蕾采用奥卡姆(OCCAM)方法对一维和二维地电模型反演进行了研究,并采用模拟非线性方法实现了高密度电法一维反演。张凌云将具有局部搜索优势的神经网络算法分别与具有良好全局搜索优势的模拟遗传算法和蚁群算法进行联合反演,大大地缩短了反演计算时间,极大地提高了BP神经网络进行电法数据反演的成功率。方宇采用高密度电法对厦蓉高速公路溶洞和土洞以及吉茶高速公路灰岩与构造角砾岩界线进行探测,取得了良好的效果。宋希利利用高密度电法对地下空洞进行探测,分析了地下空洞电性异常的几种特征,查清了地基上空洞的空间位置并进行现场验证,取得了良好的效果。李东林利用高密度电法对呼武公路4座桥梁的地基进行了勘察,结果表明该方法能准确地划分覆盖层和基岩,较好地查明了地下隐伏断层。刘海生采用高密度电法不同装置的电极排列方式,对煤矿地下不同类型的采空区探测进行了研究,并提出了针对不同采空区的电极装置探测方法。周有禄利用高密度电法对包西线发生沉降的桥涵过渡段注浆加固前后的密实度及含水情况进行检测,同时对标准路基进行了检测。通过正常路基段与沉降路基段检测结果对比,对路基注浆加固效果进行了检验。

受限于电法的探测精度,其多用于定性识别,定量识别含水率还存在诸多不确定性。主要受制于以下方面:土壤电阻率与含水率之间的关系模型及高密度电法的数据采集方法和反演算法。描述电阻率和土壤含水率的关系模型有基于理论分析、实验室测试和现场测试的,应用较广的Archie定律为半经验幂次关系模型,适用于饱和、非饱和较粗或中等颗粒土壤,当土壤中黏土成分较高时不适用(Archie,1942)。在Archie定律基础上,有研究者提出了土壤中有一定黏土含量时的经验公式(Schwartz et al.,2008;Shah and Singh,2005)。大多数关系模型可以归纳为线性、幂次关系和指数关系式(Calamita et al.,2012),

不同的关系模型主要的区别在于土壤结构的差别。但由于土壤各项异性特征显著,建立土壤电阻率与含水率的唯一关系模型会极为困难(Brillante et al.,2014)。大多数常用的模型是针对未压实的土壤提出的,而路基土壤在施工过程中会进行压实。根据高速公路的施工标准,要求路基土壤的压实度不低于96%。在施工过程中,由于土壤含水率过高或过低,实际压实度可能低于要求的数值。反复的干湿循环也会降低路基土壤的压实度。已经发现,壤质农业土壤的电导率在压实过程中发生了变化(Seladji et al.,2010),电阻率与压实度之间呈线性关系(Roodposhti et al.,2019)。对于低孔隙度材料,如固结或胶结介质,胶结指数随孔隙度的变化而变化,只考虑单一胶结指数值并不恰当(Friedman,2005)。同样,高速公路的路基土壤由于其高压实度,孔隙率明显较低。已经发现,与压实度相比,土壤的电阻率对土壤含水率更为敏感(de Melo et al.,2021;Filho et al.,2015),所以仅仅依靠电阻率测量很难确定压实程度(Kowalczyk et al.,2014)。

在数据采集的装置方式选择方面,不同装置方式的分辨能力和抗噪声水平存在差异,如偶极-偶极装置的水平分辨率较高,易受噪声影响,而温纳装置对于垂向电阻率变化探测比较灵敏,抗噪声能力较强(Loke,2012)。而目前应用中多采用偶极-偶极、温纳(Lewkowicz et al.,2011;Ross et al.,2007)等单一装置方式,不能同时兼顾探测深度、抗噪水平和分辨率,获取到的有用信息有限。因此,如何提高观测数据的分辨率并尽量减少数据采集时间,是需要进一步研究的问题。

在反演方法选择方面,常用的反演方法有基于 L1 范数的 Robust 反演方法和基于 L2范数的圆滑约束反演方法。一般认为,Robust 反演方法适用于地质体电阻率存在急剧变化边界的情况,而圆滑约束反演方法适用于地质体电阻率渐变的情况(Loke et al.,2003)。但对活动层中含水率研究而言,在地下水位、多年冻土上限附近可能存在电阻率急剧变化的边界,而土壤电阻率也可能随含水率变化而呈渐变特征。因此,需要根据水分分布特征建立相应的反演算法选取原则。

常规电法的供电和测量电势差需要在地表插入不锈钢电极,对混凝土或沥青路面来说,电极难以插入坚硬的路面,而且插入电极会对路面造成一定的损坏,因此,常规高密度电法在公路检测应用中存在困难。电容耦合电阻率仪则有效地解决了这个问题,采用电容耦合方式进行数据采集,无需插入电极,数据采集效率高,在道路检测中具有非常良好的应用前景。

电容耦合电阻率成像方法与传统直流电阻率成像方法类似,即通过两个电极向地下供电,另外两个接收电极测量地表电势差,通过电势、电流比值及与电极位置相关的装置系数计算得到视电阻率值。接收采集的视电阻率数据并不能直接提供地质体的相关信息,对测量数据的解释需要经过反演过程。无约束的地电数据反演问题的解是非唯一的,也即存在非常多的电阻率分布模型能得到与观测数据相同的视电阻率值。因此在反演过程中需要对反演模型进行正则化或约束,若反演过程中没有合适的约束,数值误差会不断传播导致得到不稳定的解。

综上,在公路路基中应用探地雷达探测路基含水率,只有当在路基下部具有已知深度雷达波反射层、或在一定深度预先埋设反射层时,才能对路基含水率进行快速、连续、高精度、无损探测。应用探地雷达、电容耦合电阻率仪可以对大规模的测量介质无损、高效、低成本地实现横向与纵向空间连续观测,是近年来路基无损检测研究的新方向。

1.2.4 存在问题

综上所述,目前还没有成熟的技术手段可以对公路路基湿度进行无损连续探测。最有潜力的探地雷达、电阻率法等技术手段主要存在以下问题:

(1)探地雷达是公路病害探测最常用的手段之一,其主要用于识别路面结构裂缝、空洞或路基塌陷等定性或半定量问题。要利用探地雷达定量识别路基湿度,其前提条件是雷达电磁波在路基内有可识别的反射信号。然而即使有反射信号,利用传统的共中心点法(CMP)仅可反映反射界面上部土体的平均含水率的空间变化,仍然无法获得路床纵向含水率分布信息。

(2)可用于连续探测的电阻率法和电磁法等可以满足路基湿度在探测深度和纵向分布方面的要求,但严重依赖于精准公路结构信息及其电导率-含水率关系模型。而在实际应用中,若没有精准的路面结构及含水率信息,电法探测的含水率精度有限,仅用于定性解析。

(3)在探地雷达、电阻率信号与路基填料含水率之间的定量关系研究方面,仍需要开展更系统的物理试验,同时在数据处理与反演分析方面,还需要研制开发更适合的数据处理算法及分析软件。

1.3 本书的主要内容

本书针对既有公路路基含水率检测问题,以 GPR 和 CCR 等地球物理方法为核心手段,结合室内试验、理论分析和现场测试等方法,研究路基含水率 GPR + CCR 无损检测方法构建、路基填料电磁特性、检测技术参数优化配置、数据分析算法等,开发一套基于 GPR 和 CCR 联合测试的路基含水率无损检测技术。本书内容分为以下 5 个方面。

第 1 方面:运营公路路基湿度无损检测方法构建与技术原理。该部分主要介绍 GPR、CCR 检测路基路面结构及含水率的方法原理,在此基础上提出联合 GPR、CCR 检测路基湿度的方法框架以及集成模式。

第 2 方面:典型路基路面填料电磁特性试验分析。该部分主要介绍典型路基路面填料在不同压实度、含水率状态下典型填料电阻率、介电常数等电磁特性室内试验,分析路基压实填料电磁特性随含水率变化规律,建立典型填料的介电常数-含水率关系模型、电阻率-含水率关系模型。

第 3 方面:无损检测设备现场参数配置。该部分主要介绍路基湿度无损检测技术的检测设备和现场数据采集技术要点,通过大量 GPR 和 CCR 现场试验调试,优选出 GPR 和 CCR 关键参数配置与测试流程。

第 4 方面:无损检测数据处理算法。该部分主要介绍无损检测数据处理问题,分析 GPR 数据处理算法、CCR 数据处理算法、GPR + CCR 数据联合反演算法及分析程序。

第 5 方面:运营公路路基湿度无损检测工程应用。该部分主要介绍 GPR、CCR 和 GPR + CCR 识别路基含水率方法在华北平原地区、西南丘陵地区、华南多雨地区、西北干旱地区等不同地区、不同等级公路工程中的应用情况及效果,同时提出运营期公路路基湿度状态的"普查、详查、核查"分阶段检测技术体系,实现对运营路基性能的分类分级检测。

CHAPTER 2

| 第 2 章 |

运营公路路基湿度无损检测
方法构建与技术原理

GPR 基于电磁波探测原理,可以精准识别路面结构信息,在特定情况下还可以测定路床空间信息,前提条件是 GPR 可以采集到路床底面的反射信号。CCR 基于电信号探测原理,相对 GPR 测试深度的局限性,CCR 的探测深度不受介质空间差异性或均匀性限制,具有更广泛的普适性,但其含水率反演精度相对较低。

本书结合 GPR 识别路面结构的优势和 CCR 探测深度的优势,提出联合 GPR 与 CCR 的路基湿度无损检测方法,实现既有路基湿度状态的快速连续无损检测,满足运营公路路基湿度无损检测技术精度和效率需求。

2.1 概述

2.1.1 路基湿度无损检测目标

公路在长期运营条件下,路基受到路面荷载及环境因素如降雨、蒸发、地下水等的影响,其状态参数如压实度、力学性能可能逐渐偏离设计的安全范围,精准获取这些信息对评价老路性能状态、改扩建公路路基结构设计至关重要。本书中检测对象聚焦于路基重点部位——路床的湿度状况,其厚度通常为 0.8 ~ 1.2m。典型路基路面示意图见图 2-1。

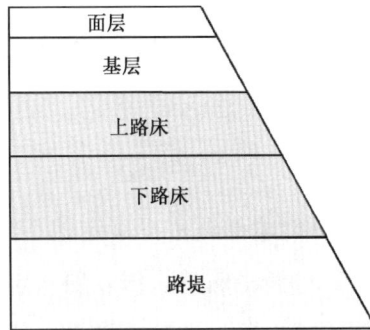

图 2-1　典型路基路面结构示意图

2.1.2　路基湿度反演模型概化

本书中联合 GPR 和 CCR 两种地球物理方法来识别路基湿度,其中 GPR 主要用于高精度识别路面层厚度及含水率,同时为 CCR 识别路基湿度提供关键反演参数。基于两种方法的原理,实际公路结构及物性需要做一定的概化,具体如下:

(1)限于两种地球物理方法分辨率,针对复杂的公路结构,尤其是多次修补后的老路结构在反演模型中需要做一定的简化处理。

通常情况下,反演模型中公路结构分为路面和路基两层(图 2-2a)。但如果路面层内填料(材料)差异显著(如半刚性基层、柔性基层)且厚度不可忽视(> 10cm),则路面结构在地球物理方法反演中有必要进一步细分处理。

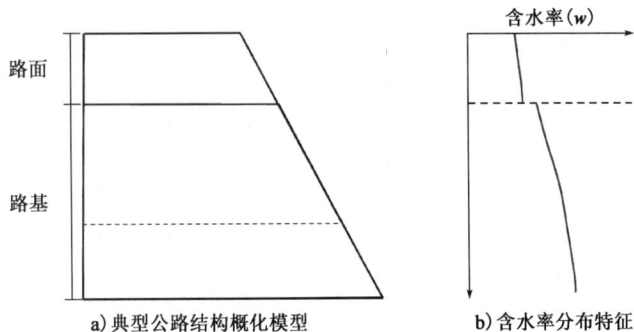

a)典型公路结构概化模型　　　　b)含水率分布特征

图 2-2　典型公路结构概化模型及含水率分布特征

由于路面与路基填料(材料)差异显著,通常使用的高频(如 900MHz)探地雷达较容易识别出此界面,而识别路面层内如面层、基层和底基层等的界面则相对困难。有些层位相对较薄,雷达不易识别,若填料(材料)差异显著且较厚,则也可以识别。

(2)长期运营条件下路基压实度已经达到相对稳定状态,路床从顶部到底面压实度(孔隙度)变化较小,其强度差异主要由水分分布差异导致(图 2-2b)。因此,在反演模型将中路床作为一个均质层处理。

2.2 多通道探地雷达(GPR)无损检测方法原理

2.2.1 GPR 基本原理

GPR 是一种通过发射和接收反射电磁波进而确定地下结构和目标体特征信息的高效无损探测方法。其工作原理(图 2-3)是由雷达天线发射一定频率的电磁波,其在向下传播的过程中遇到不同介电特性的物体时,有一部分电磁波会返回地面由接收天线接收。反射信号的强弱与反射界面两侧介电常数的反差密切相关。

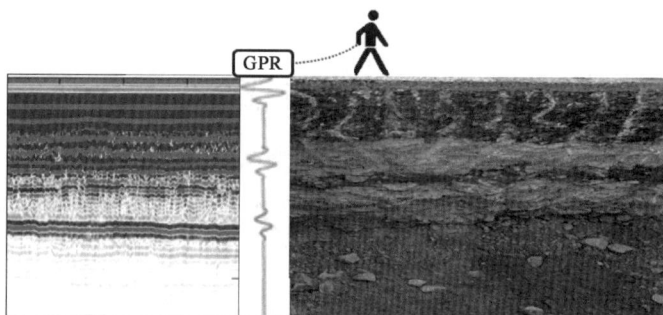

图 2-3 GPR 识别公路结构原理示意

类似于地震方法,GPR 应用中通常把电磁波传播路径简化为射线方式(图 2-4)。

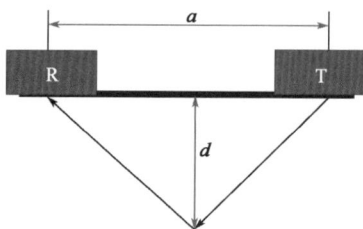

图 2-4 雷达射线传播路径

雷达波从发射到接收所经历的传播时间 t 可以用公式(2-1)描述:

$$t = \frac{\sqrt{\varepsilon_b}}{c_0}\sqrt{4d^2 + a^2} \tag{2-1}$$

式中,a 为天线间距(m);d 为目标反射界面的深度(m);ε_b 为雷达波在传播介质中的相对介电常数(以下简称介电常数);c_0 为光速(m/ns)。这类问题在于探测目标物的位置,而土体的介电常数通常作为已知常数。

通常,单个探地雷达天线只有一个发射端和一个接收端,雷达采集的信号如图 2-4 所示。此类探测模式的天线间距固定(已知),根据反射波信号可以得到传播时间 t,但反射深度 d 和介电常数 ε_b 均未知。通常根据经验假定介质的介电常数已知,可以粗略估计探测目标物的深度 d。

GPR 是在单一固定间距天线的基础上融合了共中心点法(Common Middle Point, CMP)的优势。其工作原理如图 2-5 所示,当把多个天线组合起来,每个反射点可以获得不少于 3 个不同天线间距对应的传播时间 t_i。公式(2-1)有两个未知数,当有 2 组以上数据时即可求得反射深度和介电常数(或含水率)。

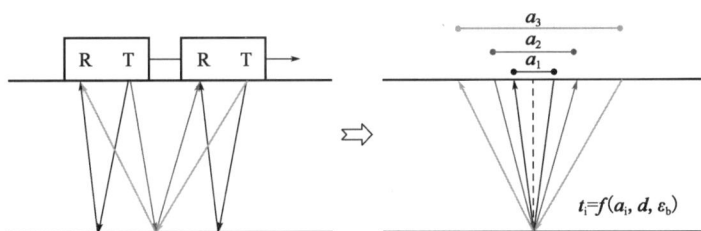

图 2-5　GPR 基本原理示意图

在实际应用中,反射界面可能会存在一定的倾角 α 如图 2-6 所示。传播时间模型公式(2-1)可相应地变为:

$$t(\varepsilon_b, d, \alpha) = \frac{\sqrt{\varepsilon_b}}{c_0}\cos\alpha\sqrt{4d^2 + a^2} \qquad (2\text{-}2)$$

根据 GPR 所采用天线数量,对应探测点上可获得观测时间值 t_{obs} 共 N 个,以及对应的模型模拟值 t_{sim}。由此,通过相关优化算法,获得使观测值与模拟值参数差值最小的参数组合 $(\varepsilon_b, d, \alpha)$。

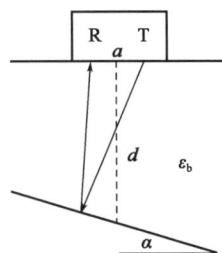

图 2-6　传播时间模型

$$L(\varepsilon_b, d, \alpha) = \sum_{n=1}^{N}\left[t_{obs}(x, a_n) - t_{sim}(x, a_n)\right]^2。 \qquad (2\text{-}3)$$

2.2.2　介电常数-含水率关系模型

常见公路材料的介电常数见表 2-1。土体的介电性质 (ε_b) 极为复杂,其与岩土体填料(材料)、含水率、电导率、磁导率及温度密切相关,至今还没有通用的模型来刻画土体介电常数。幸运的是,相对于土体基质的介电常数(通常在 3~6 之间),土体中水在常温下介电常数约为 80,两者的巨大反差为介电法测定土体含水率奠定了基础。介电法正是基于被测介质的介电常数与含水率之间关系模型来预测介质中含水率的。

常见公路材料介电常数 　　　　　　　　　　　　　　　　　　　表 2-1

材料类型	介电常数	材料类型	介电常数
干沥青	2 ~ 4	湿砂土	10 ~ 30
湿沥青	6 ~ 12	干砂	2 ~ 6
干混凝土	4 ~ 40	湿砂	10 ~ 30
湿混凝土	10 ~ 20	大理石	6
煤	4 ~ 5	花岗岩	4
PVC(聚氯乙烯)	3	安山岩	2
沼泽森林肥土	15	玄武岩	4
肥土	6.4	凝灰岩	6
干黏土	2 ~ 6	石灰岩	7
湿黏土	5 ~ 40	砂岩	4
黏性干土	4 ~ 10	水	78
黏性湿土	10 ~ 30	冰	3.2
干壤土	4 ~ 10	雪(干)	2 ~ 3
湿壤土	10 ~ 30	雪(湿)	4 ~ 12
干砂土	4 ~ 10	空气	1

依据研究的对象以及精度需求来选择合适的介电常数-含水率关系模型。通常用于工程领域的模型主要包括以下四类:

(1)通用经验模型。

Topp(1980)通过大量试验提出的一个土体介电常数与土体含水率之间的经验公式,是目前应用最为广泛的模型。

$$\theta = -5.3 \times 10^{-2} + 2.92 \times 10^{-2} \varepsilon_b - 5.5 \times 10^{-4} \varepsilon_b^2 + 4.3 \times 10^{-6} \varepsilon_b^3 \qquad (2\text{-}4)$$

式中,ε_b 为土体整体介电常数;θ 为体积含水率。实践证明该经验公式适用于自然界偏砂质土体,精度可达 2% 左右(Jones et al.,2002)。

(2)考虑重度的半经验模型。

土体介电常数除了与含水率密切相关外,还受到其他因素的影响,如重度(孔隙度)、土体基质等。Siddiqui 和 Drnevich(1995)提出了一个适用于岩土工程领域的一个半经验模型。

$$\sqrt{K_a} \frac{\rho_w}{\rho_d} = a + bw \qquad (2\text{-}5)$$

式中,ρ_{w} 和 ρ_{d} 分别为水和干土的密度;w 为质量含水率(岩土工程领域简称含水率);a 和 b 是经验系数。该半经验模型同时考虑了含水率和重度。

为了便于把土体重度跟孔隙度 $\varPhi$ 联系起来,土体体积含水率和质量含水率的关系为:

$$w = \theta \frac{\rho_{\mathrm{w}}}{\rho_{\mathrm{d}}} \tag{2-6}$$

可进一步联合公式(2-5),从而转换成如下关系式(Drnevich et al.,2005):

$$\sqrt{\varepsilon_{\mathrm{b}}} = a \frac{\rho_{\mathrm{s}}(1 - \varPhi)}{\rho_{\mathrm{w}}} + b \cdot \theta \tag{2-7}$$

式中,ρ_{s} 为土体颗粒密度,一般土体取值 $2.65\ \mathrm{g/cm^3}$。此类模型已成为测量土体含水率的美国材料试验协会标准(ASTM,2003)。

(3)考虑孔隙度和填料(材料)的半经验模型。

基于土体组分间介电常数关系,一些学者(如 Birchak et al.,1974,Dobson 1985,Roth 1990,Friedman 1998)建立了混合土体不同组成成分的介电常数、各组分体积含量与土体整体介电常数之间的关系模型 CRIM(Complex Refraction Index Model)。

$$\varepsilon_{\mathrm{b}}^{\alpha} = (1 - \varPhi) \cdot \varepsilon_{\mathrm{s}}^{\alpha} + \theta \cdot \varepsilon_{\mathrm{w}}^{\alpha} + (\varPhi - \theta) \cdot \varepsilon_{\mathrm{a}}^{\alpha} \tag{2-8}$$

式中,$\varPhi$ 为土体的孔隙度;ε_{s} 为土体颗粒的介电常数,ε_{s} 与填料(材料)有关,其变化范围 $2 \sim 6$;ε_{a} 为空气的介电常数,取 $\varepsilon_{\mathrm{a}} = 1$;$\alpha$ 为与电场方向和土体颗粒形状有关的参数,通常取 $\alpha = 0.5$;ε_{w} 为水的介电常数,ε_{w} 受温度的影响较为显著,在温度变化较大环境中,其取值可参考如下公式(Kaatze,1989):

$$\varepsilon_{\mathrm{w}}(T) = 10^{1.94401 - 1.991 \cdot 10^{-3} \cdot T} \tag{2-9}$$

式中符号含义同前。

(4)针对性模型。

当上述模型不能满足需要时,则可以通过室内校正建立针对性的介电常数和含水率的关系模型。此类模型通常适用于非常规材料如沥青混凝土、砾石土、高黏质土等。在条件不允许情况下,路面材料可选用文献相似的校正模型,如基于沥青混凝土材料校正模型(Baran,1994):

$$\theta = -6.216 + 2.383 \cdot \varepsilon_{\mathrm{b}} - 0.0598 \cdot \varepsilon_{\mathrm{b}}^2 + 0.0006 \cdot \varepsilon_{\mathrm{b}}^3 \tag{2-10}$$

式中符号含义同前。

2.3　电容耦合电阻率法(CCR)无损检测方法原理

CCR 成像方法与传统直流电阻率成像方法类似,即通过两个电极向地下供电,另外两个接收电极测量地表电势差,通过电势、电流比值及与电极位置相关的装置系数计算得到视电阻率值。4 个电极不同的几何排列方式得到不同位置地下介质的视电阻率值,通过变换即可得到覆盖目标地质体的视电阻率分布(图 2-7),进而反演得到电阻率数值及空间特征,从而对地质体的发育规模、空间分布特征进行解译。

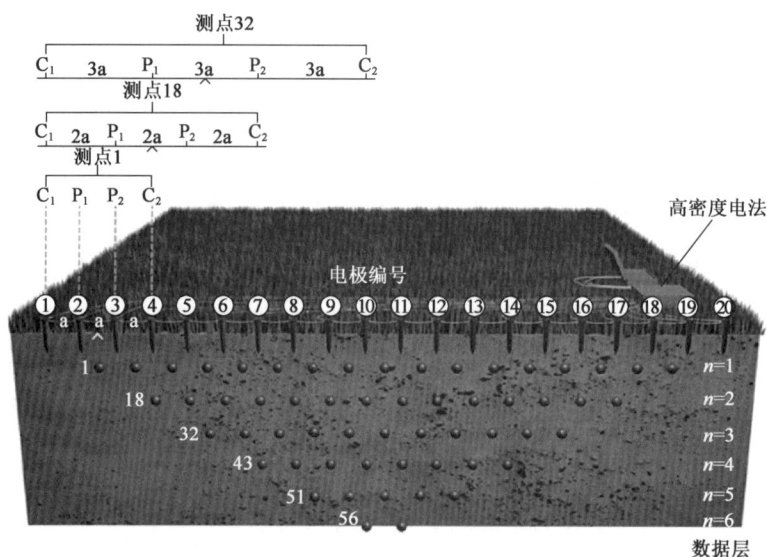

图 2-7 常规高密度电法数据采集示意图

但常规高密度电法在公路检测应用中存在困难,如 1.2.3 所述。另外,传统高密度电法数据采集效率较低,无法在道路交通通行条件下进行数据采集。

本书中的电容耦合电阻率仪有效地解决了这个问题,其采用电容耦合方式进行数据采集,无需插入电极,数据采集效率高,在道路检测中具有非常良好的应用前景。

2.3.1 数据采集

电容耦合方法通过电容耦合方式向地下供入电流,实际应用中,通常通过同轴电缆与地表土体之间形成电容,同轴电缆的金属屏蔽层作为一个金属板,土体表面作为另外一个电容板,电缆的绝缘层作为两个电容板之间的电介质(图 2-8)。

在发射端,在同轴电缆中接通交流电,则在作为电容板的土体表面中同时形成交流电。同理,在接收端下方的土体地表形成交流电,进而在接收偶极中形成交流电,即可通过接收偶极测量其中的电势差。发射偶极与接收偶极均由两段同轴电缆组成,形成类似于常规电法中的偶极-偶极装置,可通过装置系数计算地下地层的视电阻率,电容耦合电阻率仪工作原理如图 2-9 所示。

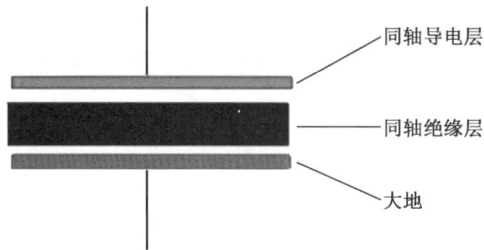

图 2-8　电容耦合电阻率仪结构(杨云见等,2009)

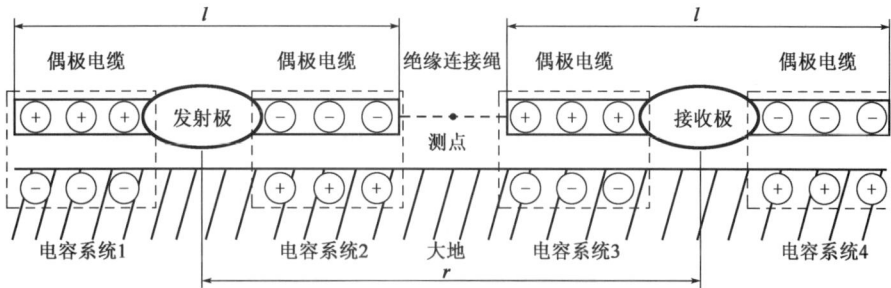

图 2-9　电容耦合电阻率仪工作原理(别康等,2017)

在实际数据采集中,电容耦合方法通常采用一个发射电极和多个接收电极,在路面用拖拽方式进行数据采集。由于采用电容耦合的方式供电与观测,无需接地,适应性强,能在多种地面条件下进行探测。而且采用沿测线拖拽、连续扫描的方式观测,具有效率高、信息量丰富的特点。探测深度与偶极间距相关,多个发射电极不同的偶极间距,一次测量可以达到多个探测深度(图 2-10)。由此看出,其测量方式、资料处理解释方式类似于偶极-偶极电阻率法,测深结果具有偶极-偶极装置高密度电法剖面的特点。

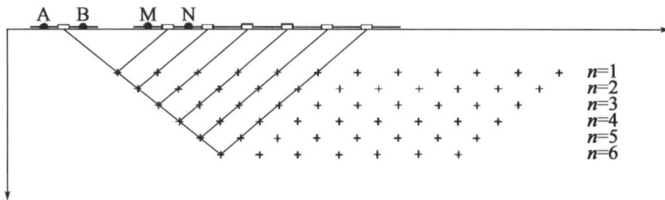

图 2-10　电容耦合电阻率仪采集数据点分布

2.3.2　反演算法

直接采集的视电阻率数据并不能直接提供地质体的相关信息,对测量数据的解释需要经过反演过程。无约束的地电数据反演问题的解是非唯一的,即存在非常多的电阻率分布模型能得到与观测数据相同的视电阻率值。因此反演过程中需要对反演模型进行正则化或约束。而且若反演过程中没有合适的约束,数值误差会不断传播导致得到不稳定的解。

现今绝大多数地电反演方法均基于观测数据与模型参数的最小二乘拟合。拟合目标函数为(Schubert,2015):

$$\Phi_d = [\,d - F(m)\,]^T W_d^T W_d [\,d - F(m)\,] \tag{2-11}$$

式中,d 为数据(测量的视电阻率);$F(m)$ 为对地电模型 m 的正演模拟;W_d 为数据权重矩阵。若假设观测数据误差不相关并忽略正演模拟数值误差,数据权重矩阵为等于测量数据标准差的对角矩阵。

多种曲线拟合方法被用于最小化拟合目标函数Φ_d,但其中大多数被证明收敛很慢或者不收敛。虽然阻尼最小二乘法克服了反演过程不稳定的问题,但 Occam 反演方法被认为是地电模型反演的重要突破(Constable et al.,1987),是如今绝大多数直流电或激发极化方法反演的基础。Occam 反演方法求取的是众多能拟合观测数据模拟的一个最简单解,其采用空间正则化方法使地电模型圆滑变化,并保证反演结果的稳定性和唯一性。对目标函数最小化问题的正则化通过增加模型罚函数项得到:

$$\Phi_m = m^T R m \tag{2-12}$$

式中,R 为圆滑矩阵,用于描述模型的空间变化特征。结合罚函数项,最终反演过程为求使目标函数的极小化时的参数值:

$$\Phi_{total} = \Phi_d + \alpha \Phi_m \tag{2-13}$$

式中,α 为控制观测数据拟合项和罚函数项的正则参数。方程(2-11)的最小化可以通过高斯-牛顿方法迭代求解,每一步迭代的模型参数变化矩阵通过以下方程求得:

$$(J^T W_d^T W_d J + \alpha R) \Delta m = J^T W_d^T [\,d - F(m_k)\,] - \alpha R m_k \tag{2-14}$$

$$m_{k+1} = m_k + \Delta m \tag{2-15}$$

式中,J 为雅克比矩阵$J_{i,j} = \partial d_i / \partial m_j$;$m_k$ 为第 k 次迭代的模型参数值;Δm 为第 k 次迭代的参数变化量。一些正则化解方法采用固定的 α 值,但在迭代过程中不断变化 α 值,开始迭代时采用较大的 α,接近收敛时采用较小的 α,这样的方式更有利于反演的收敛。

2.3.3　饱和条件下电阻率与含水率的关系模型

在电阻率测量频率低于 1MHz 条件下,由于色散效应引起的电阻率变化远低于直流电导率,色散效应可以忽略。常用关系模型均采用低频或直流条件下测量电阻率。低频或直流电阻率主要受土体含水率、孔隙水电阻率和岩性影响。孔隙水液体电导率随溶液浓度、流动性、离子电荷和温度增加而降低。土体颗粒和孔隙形状也影响土体电阻率。在细颗粒土中，尤其是在孔隙水电阻率较高条件下，土体颗粒表面导电也不可忽略。表面电阻率取决于表面积和土体水中离子化学属性（Rubin and Hubbard，2005）。

Archie 经验关系模型是预测土体电阻率应用最为广泛的关系模型。在饱水条件下，Archie 公式可表示为（Archie，1942）：

$$\rho = \rho_f \Phi^{-m} \tag{2-16}$$

式中，ρ_f 为土体水电阻率；Φ 为土体孔隙度；m 为与岩石胶结度指数。胶结度指数变化范围相对较小，Archie 发现非固结砂的胶结度为 1.3，固结砂岩的胶结度接近 2.0。理论上胶结度指数等于 1 表示孔隙介质由一束直线型的毛细管组成，与实际岩石或土体的结构不相符，因此在实际的岩石中没有被观测到。在低孔隙度但裂隙大量发育的岩石中，由于流动路径网络相对较直，胶结度指数可能会接近于 1。胶结度指数等于 1.5 为由规则球体组成情况下的解析解。实际上，m 等于 1 或 1.5 是目前仅有的两种能得到胶结度指数解析解的情况。

一般来说，胶结度指数随孔隙网络连通性变差而增加。绝大多数孔隙土体的胶结度指数 1.5 与 2.5 之间，胶结度指数高于 2.5，甚至高达 5 的通常在孔隙连通性较差的碳酸盐中出现。此外，胶结度指数还与土体颗粒形状相关，土体颗粒越呈现不规则形状，胶结度指数趋向于增加，而颗粒尺寸的变化和排列方式的影响较小。常规材料的相关参数见表 2-2 和表 2-3。

电阻率值范围（Schubert，2015；钱觉时等.，2010）　　表 2-2

类别	电阻率（Ω·m）	类别	电阻率（Ω·m）
饱水混凝土	40~50	砂岩	50~1000
潮湿混凝土	100~200	石灰岩	5000~100000
干燥混凝土	500~1300	黏土	20~100
高性能混凝土	470~530	含盐水	0.1~10
砂砾石土	20~5000	淡水	10~100

Archie 公式参数（Schön，2015；李化建等.，2011）　　表 2-3

类别	胶结度指数（m）	饱和度指数（n）
混凝土	1.2	2±0.5
非固结砂	1.3	
固结砂	2.0~2.2	
石灰岩	1.7~1.8	

续上表

类别	胶结度指数(m)	饱和度指数(n)
砂岩	1.8~2.0	
泥质砂岩	1.44~2.47	2±0.5
石英砂	1.42~1.47	

2.3.4 非饱和条件下电阻率与含水率关系模型

在土体为非饱和条件下,Archie 公式的形式如下:

$$\rho = \rho_f \Phi^{-m} s_w^{-n} \tag{2-17}$$

式中,s_w 为水饱和度;n 为饱和度指数。由于随着饱和度下降,颗粒表面的水膜变薄,导电路径变得更为曲折,饱和度指数通常大于胶结度指数。对粗颗粒砂而言,Mualem and Friedman 提出的半经验模型认为 $m = 1 + \gamma, n = 2 + \gamma$,其中 γ 为曲折度指数可以取值为 0.5,也即 $m = 1.5, n = 2.5$。如果假设 $m = n$,则 Archie 模型可以表示为:

$$\rho = \rho_f \theta^{-m} \tag{2-18}$$

式中,θ 为土体含水率。如 Amente et al. 通过拟合砂质黏土电阻率和含水率数据,得到 m 值为 1.58。

2.3.5 高黏土含量条件下电阻率与含水率的关系模型

当土体中黏土含量较高时,黏土表面导电会开始变得显著,由于上述 Archie 公式没有考虑表面导电,因此难以使用。若假设土体水中离子导电和细颗粒土的表面导电为并行关系,则加入表面导电项。高黏土含量时土体导电示意图如图 2-11 所示。

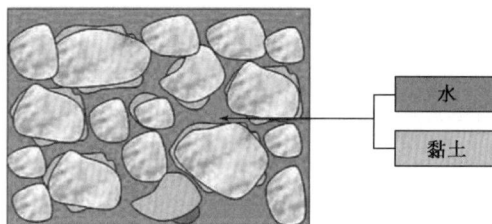

图 2-11 高黏土含量时土体导电示意图

Waxman and Smits 改进的模型可以表示为:

$$\frac{1}{\rho} = \frac{s_w^2}{\rho_f \Phi^{-m}} + \frac{BQ_v s_w}{\Phi^{-m}} \tag{2-19}$$

式中,第二项 $\left(\dfrac{BQ_{v}s_{w}}{\varPhi^{-m}}\right)$ 表示黏土表面导电项;B 为表面离子的流动性;Q_{v} 为每单位孔隙体积参与表面传导的过量电荷。该模型的缺点是难以获取到 B、Q_{v} 等相关参数数值。有研究者提出了土体中具有一定黏土含量时的经验公式:

$$\rho = \rho_{f}\frac{1}{c\,\theta^{p}} \tag{2-20}$$

式中,c 和 p 为土体颗粒大小有关的拟合参数,与土体黏土含量有关。

$$c = i \cdot C_{lay^{j}} \tag{2-21}$$

$$p = k \cdot C_{lay^{l}} \tag{2-22}$$

式中,当黏土体积含量大于 5% 时,$i=0.6$,$j=0.55$,$k=0.92$,$l=0.2$,当黏土含量小于 5% 时,c 和 p 为常数,即 $c=1.45$,$p=1.25$。

在研究应用中,大多数情况下由于路基路床主要为粗颗粒的压实砾石土,且处于非饱和状态。因此主要应用非饱和条件下的 Archie 公式进行含水率换算,若局部地区路基填土处于地下水位以下,或填土黏土含量较高,则采用饱水条件下的 Archie 公式和考虑黏土表面导电的关系模型。

2.4　联合 GPR + CCR 的路基湿度无损检测方法构建

在缺乏先验信息条件下,CCR 反演中模型圆滑约束是一种最为简单和切实可行的解,但该种假设与实际情况并不完全一致,圆滑约束得到的反演结果往往使电阻率差异较显著的界面变得圆滑,难以准确地识别地层岩性界面。在实际反演过程中,结合已知的或从其他方法获取(如 GPR)的信息能提高反演结果的准确性。因此,本书提出如图 2-12 所示的 GPR + CCR 耦合检测路基湿度。在公路路基路面检测中,面层、基层、路床、路堤通常由不同的材料组成,而且存在清晰的分界面。针对具体某一段公路,路基各结构层的厚度往往是已知的,即使各结构层的厚度在空间上存在不一致性,通过 GPR 的连续探测能获取到相关层位的厚度、含水率等信息。这些先验信息将有助于提高电法反演结果的准确性。

考虑将公路设计参数、雷达获取的层位深度、含水率等作为先验信息进行反演,则模型正则化项可表示为:

$$\varPhi_{m} = \left\| \boldsymbol{C}(m - m_{ref}) \right\| \tag{2-23}$$

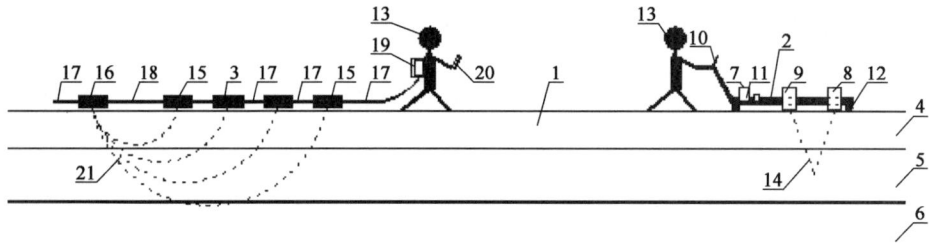

图 2-12　GPR + CCR 耦合检测路基湿度示意图

1-公路结构;2-GPR 测试系统;3-CCR 成像仪系统;4-路面;5-路床;6-路堤;7-雷达主机;8-发射天线;9-接收天线;10-便携式电脑;11-电源;12-手推车;13-测试操作人员;14-雷达波;15-接收电极;16-发射电极;17-电缆;18-绝缘绳;19-主机;20-显示平板电脑;21-电流

该正则化项将使反演结果与已知信息构建的模型 m_{ref} 接近,同时又与观测到的视电阻率数据相符。可以看出,当 C 为导数矩阵,$m_{ref}=0$ 时,即为圆滑约束解。另外一种常用的正则化方法为最小长度解,此时将 C 设置为单位矩阵,m_{ref} 可以为通过已知信息或者 GPR 结果构建的初始电阻率模型。

根据已有信息,为达到单独控制反演模型边界和模型单元特征的目的,可以通过在基本的约束矩阵 C_1 两边乘以两个对角权重矩阵实现(Günther and Rücker):

$$C = \text{diag}(w_i^s) C_1 \text{diag}(w_j^m) \tag{2-24}$$

式中,$i=1\cdots s,j=1\cdots m$。

2.4.1　集成模式一:填料空间分布信息约束集成

已知某层位的填料(材料)信息,且填料(材料)的空间差异较小(如根据设计资料确定本路段路床采用砂砾填筑,其下部路堤采用粉质黏土填筑)。可以通过调整各向异性约束,在该层位施加更低的水平权重及相对垂向边界更高的权重值。在反演中边界的垂直权重 w_z 定义为 α_z/α_x。对每个边界的法向量矩阵 $\mathbf{n}=(n_x,n_y,n_z)$,结构权重可以由其垂直分量的线性函数决定:

$$w^s = 1 + (w_z - 1)|n_z| \tag{2-25}$$

2.4.2　集成模式二:结构层深度信息约束集成

已知不同结构层的界面深度信息(如 GPR 获取的路面层深度,或钻孔、探坑揭示的层位深度)。在不同结构层界面深度处的节点,将单元的内部节点处的权重设置为 $w_i^z=0$,或者极小的权重值。

2.4.3　集成模式三:电阻率/含水率信息约束集成

已知某层位的电阻率信息(如通过 GPR 获取的含水率,由含水率和电阻率的关系模型换算成层位的电阻率信息)。模型权重矩阵 $\boldsymbol{W}^{m} = \mathrm{diag}(w^{m})$ 包括每个模型单元的权重,因此可以单独控制每个模型单元的圆滑度以及与先验模型的差异。高的权重值将产生局部更为圆滑的模型,低的权重值将产生电阻率差异更显著的模型。此外,结构权重矩阵 $\boldsymbol{W}^{s} = \mathrm{diag}(w^{s})$ 包含 S 个单独的结构约束,如模型的已知边界。通过构建不同的结构权重矩阵,可以达到包含相对应已知信息的目的。

2.5　本章小结

本章重点介绍了 GPR、CCR 检测路基路面结构及含水率的方法原理,在此基础提出了联合 GPR、CCR 检测路基湿度的方法框架以及集成模式,主要结论如下:

(1)系统介绍了 GPR 基本原理以及 CCR 的基本原理,搭建了通过 GPR 反射波信息和介电常数-含水率关系模型获取路基路面结构和含水率,以及由 CCR 影像数据和电导率-含水率关系模型获取路基含水率的技术路径。

(2)整合 GPR 识别公路浅表层信息和 CCR 探测深部信息的技术优势,建立了 GPR + CCR 耦合检测运营公路路基湿度的技术方法。该方法通过 GPR 获取的路面结构厚度、含水率等作为先验信息,并以此构建约束模型来优化 CCR 反演获取路基含水率,可显著提高反演结果的准确性。

(3)提出了 GPR + CCR 耦合检测路基湿度三种集成模式,包括填料空间分布信息约束集成、结构层深度信息约束集成、局部电阻率/含水率信息约束集成。

CHAPTER 3

| 第 3 章 |

典型路基路面填料
电磁特性试验分析

GPR 和 CCR 联合测试路基湿度的准确性不仅受检测设备性能及参数配置的影响,还和路基路面填料的电磁特性及其与含水率的关系模型密切相关。不同地区路基填料性质千差万别,路基湿度反演中常用的介电常数-含水率、电阻率-含水率关系模型及其参数的适用性有待进一步验证。

当前对自然状态下土体介电常数、电导率等电磁特性的研究较为深入,但公路行业针对压实状态下路基填料电磁性质的研究还不完善,尤其是对重塑黏质土、改良土等典型填料的介电常数、电导率及含水率关系的研究。本文针对砂土、黏质土、改良土、盐渍土等几种典型路基填料,测试不同压实度、含水率状态下填料的介电常数和电导率,建立针对性较强的介电常数-含水率、电阻率-含水率的关系式,为路基含水率的电磁法精确测定提供数据基础参考。

3.1 试验方案

本研究涉及的公路材料包括路面材料和路基填料,其中路面材料有沥青混合料和水泥混凝土等,而路基材料主要是土石材料和工业废渣等。由于路面材料的电磁特性变化相对较小,本试验路面材料从广东省清远市某运营高速公路中选取了沥青混凝土和水泥稳定碎石两类芯样,重点测试其在干燥和饱水条件下介电常数的差异。不同于路面材料,土石材料电磁特性变化范围较大,相应的介电常数/电阻率-含水率关系较为复杂。本试验路基填料选择了以下砂质土填料、改良土填料、盐渍土填料 3 类材料开展研究。砂质土填料选取自广东省梅州市某高速公路 K61 + 660、K23 + 300 和 K16 + 760 等路段的 3 种砂质土填料。改良土填料选自湖北武汉某高速的黏质土、掺生石灰及 40% 中粗砂改良土 3 种填料。盐渍土填料选自内蒙古河套地区常见沿黄淤积低液限粉土,并通过盐分调配使其形成 4 种不同含盐量的填料。具体测试内容和结果见下文。

3.1.1　基本物理性质测定

路基填料试样基本物理性质测定主要包括颗粒组成、液塑限、比重、最大干密度和最佳含水率(表 3-1),其测试方法和结果如下。

基本物理性质测试方案 表 3-1

编号	测试项目	填料类型
1	颗粒组成	(1)粉土质砂 K61(梅州);
2	液塑限	(2)粉土质砂 K23(梅州);
3	比重	(3)黏土质砂 K16(梅州); (4)低液限黏土(武汉);
4	最大干密度	(5)低液限黏土 +6% 生石灰改良土; (6)低液限黏土 +40% 中粗砂改良土;
5	最佳含水率	(7)低液限粉土(河套)

(1)颗粒组成。

本章通过筛分法获得 0.075 ~ 60mm 粗土粒的颗粒级配。相关结果见表 3-2。

路基填料及改良土填料颗粒组成 表 3-2

土样	颗粒分析(小于下列孔径土的质量百分数,%)									
	60 (mm)	40 (mm)	20 (mm)	10 (mm)	5 (mm)	2 (mm)	1 (mm)	0.5 (mm)	0.25 (mm)	0.075 (mm)
粉土质砂 K61(梅州)	100	100	96.0	92.7	88.5	79.7	75.4	56.5	37.9	24.7
粉土质砂 K23(梅州)	100	96.1	93.7	90.4	84.5	71.4	65.9	48.7	36.0	17.9
黏土质砂 K16(梅州)	100	100	98.1	93.4	89.1	76.6	69.8	48.3	33.3	17.1
低液限黏土(武汉)	100	100	100	100	99.1	94.2	91.9	80.5	72.4	50.7
生石灰改良土	100	100	100	100	98.5	91.9	84.8	71.2	59.5	40.9
中粗砂改良土	100	100	100	98.0	88.3	80.2	65.2	52.1	31.3	
低液限粉土(河套)	100	100	100	100	97.3	95.2	92.3	80.9	71.6	51.4

(2)相对密度。

土粒密度通常采用比重瓶法,根据土体置换出的液体体积求出。相关结果见表 3-3。

（3）塑限和液限。

使用液、塑限联合测定法（蒋佰坤等，2012）。通过测定土样3个不同含水率状态下的圆锥体下沉深度，绘制出圆锥下沉深度与含水率关系曲线，然后从曲线上查得液限、塑限值。相关结果见表3-3。

路基填料及改良土填料基本物理性质

表3-3

序号	填料名称	比重（g/cm³）	液限（%）	塑性指数
1	粉土质砂 K61（梅州）	2.62	27.3	4.7
2	粉土质砂 K23（梅州）	2.67	33.9	8.1
3	黏土质砂 K16（梅州）	2.65	26.1	4.5
4	低液限黏土（武汉）	2.62	38.8	16.3
5	生石灰改良土	2.63	27.7	8.4
6	中粗砂改良土	2.64	28.4	9.5
7	低液限粉土（河套）	2.63	34.7	10.4

（4）最大干密度、最佳含水率。

路基土击实曲线绘制参考《公路土工试验规程》（JTG 3430—2020）中 T 0131—2019 击实试验，选用击实方法"重型-Ⅱ-1"。相关结果见图3-1。

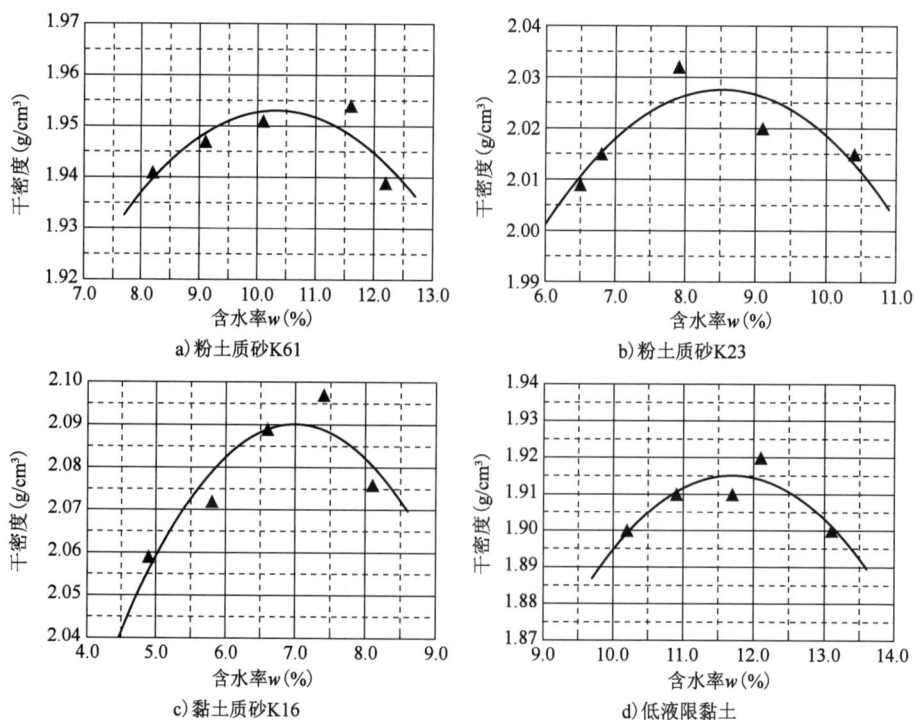

a) 粉土质砂K61

b) 粉土质砂K23

c) 黏土质砂K16

d) 低液限黏土

图 3-1

e) 生石灰改良土

f) 中粗砂改良土

g) 低液限粉土

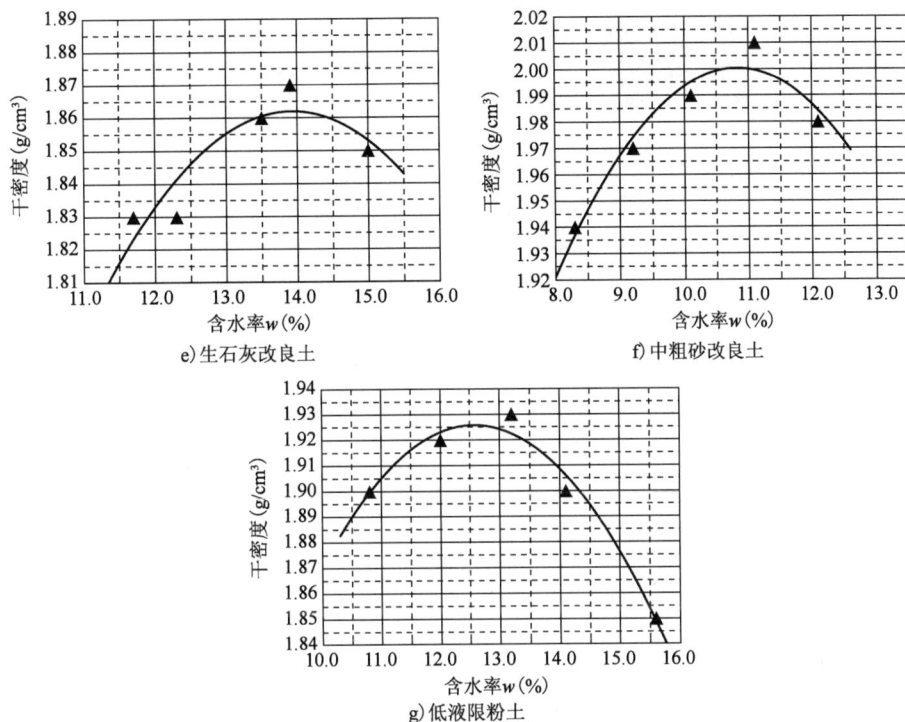

图 3-1　典型路基填料击实试验曲线

3.1.2　电磁特性测试方案

路面芯样和路基填料试样电磁特性测试主要包括介电常数、电阻率、含水率。芯样仅测试其在干燥和饱和条件下的介电常数及其受测试频率的影响,而路基填料测试涉及不同压实度、不同含水率条件下典型填料的介电常数和电阻率,分析压实度和含水率对路基填料电磁特性影响规律,建立介电常数-含水率关系和电阻率-含水率关系。相关试样制备、测试原理和方法、测试方案如下。

1) 测试样品制备

(1) 路面芯样。

路面芯样材料取自运营公路,试验前将芯样材料截取成直径 15cm、高 10cm 的圆柱,并利用抛光机将上下表明打磨光滑平整,如图 3-2 所示。

(2) 路基填料。

测试开始前需先将取得土样混合均匀,风干/烘干、碾碎并过 10mm 圆孔筛。然后按以下步骤进行试样制备。

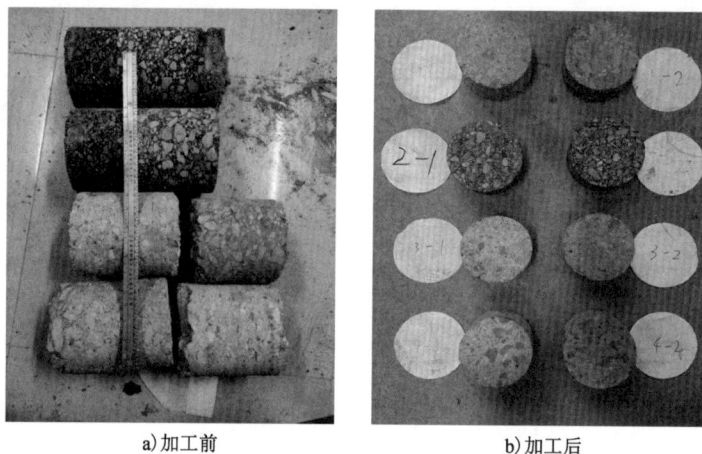

a)加工前   b)加工后

图 3-2 芯样材料制备

①初始含水率测定。

将风干过筛后的土样取 20g 放入 105℃烘箱 8h,测得初始风干质量含水率 w_0。

②备料。

取过筛后质量为 m_0 的风干土平铺于托盘中,用喷壶将水均匀喷洒于土样上,然后搅拌均匀装入盆中,用保鲜膜密封防止水分蒸发。闷料一夜使土样具有均匀的设计质量含水率 w',制备土样过程中喷洒的水量 m_w 根据式(3-1)计算得到:

$$m_w = \frac{m_0}{1 + 0.01w_0} \times (w' - w_0) \qquad (3-1)$$

每种土的设计含水率应围绕该土在标准击实下的最佳含水率展开,疏密得当地取 6 ~ 7 个含水率,以土样的最佳含水率 w_{op}(可根据土的塑限 w_p 估计,大致为 $w_{op} = w_p + 2\%$)为中心,击实试验的设计含水率 w' 按照 2% ~ 4% 的梯度覆盖整个曲线。由于本次试验需使用的土量较多,击实试验后的试料需烘干/风干后重复使用,同时重新计算风干质量含水率 w_0。

③静压法制样。

(a)称样:按试样体积(直径 15.2cm、高 15cm)和干密度要求(压实度 90%、93%、96%),计算单个试样需要的土样质量并称重,将试样平均分成 2 份。

(b)压样:将一份湿土倒入击实筒内,放入大压块并启动静压仪加压,将第一层土压至 7.5cm;减压后加入第二层湿土并套上护筒,放入小压块并再次启动静压仪,确保压块全部进入护筒,此时土柱高度正好为 15cm;减压后用推土器将土样推出。

(c)压实度检验:将土柱称重后可按式(3-2)计算出湿密度和干密度,检验试样压实度控制质量。其中,已知试样体积 $V_t = (15.2/2)^2 \times 3.14 \times 15 = 2780.5 \mathrm{cm}^3$,将土柱称重后可按式(3-2)计算出湿密度 ρ_t:

$$\rho_t = \frac{M_2 - M_1}{V_t} \qquad (3-2)$$

式中,M_2 为压实后质量(g);M_1 为模具质量(g)。

然后结合试样测得的质量含水率可按式(3-3)计算出干密度 ρ_d:

$$\rho_d = \frac{\rho_t}{1 + 0.01w} \qquad (3-3)$$

式中,w 为质量含水率(%)。

路基填料压样和脱模如图 3-3 所示。

图 3-3　路基填料压样和脱模

2)测试原理及验证方法

(1)介电常数。

本试验中利用时域反射仪(Time Domain Reflectometry,TDR)对试样进行介电常数测定(图 3-4)。TDR 基本原理是脉冲电路产生的一个阶跃脉冲,脉冲信号沿着同轴电缆传播并在探头末端产生反射,采样电路记录下脉冲幅度随时间发生的波形变化,通过传感器内置算法对脉冲信号进行波形分析可获取介电常数(Jones et al.,2002)。本试验采用商用TDR 传感器,工作频率为 800MHz 左右,与常用探地雷达工作频率相近。

由于 TDR 测试时需要将探针插入试样中,因此需用电钻在预留孔钻出 TDR 探针对应位置。取下顶板,插入标定好的 TDR315,重复采集 3 次数据并记录时间。

图3-4 路基填料试样介电常数测试

（2）电阻率。

试样电阻率的测定利用 LCR 测试仪进行。该测试仪测量频率可在 42kHz ~ 5MHz 范围内设定。本章中采用的回路方式是自动平衡电桥法，将 Hc、Hp、Lp、Lc 4 个端子与被测物连接。然后分别测试 10 种频率（100Hz、1kHz、kHz、kHz、1MHz、2MHz、3MHz、4MHz、5MHz）下的电阻值。

为了使两侧金属板与试样接触良好，试验过程中在土柱两端均匀涂抹由黏土调配而成的泥浆，夹在两个铜片中并确保接触良好后进行测试（图3-5）。

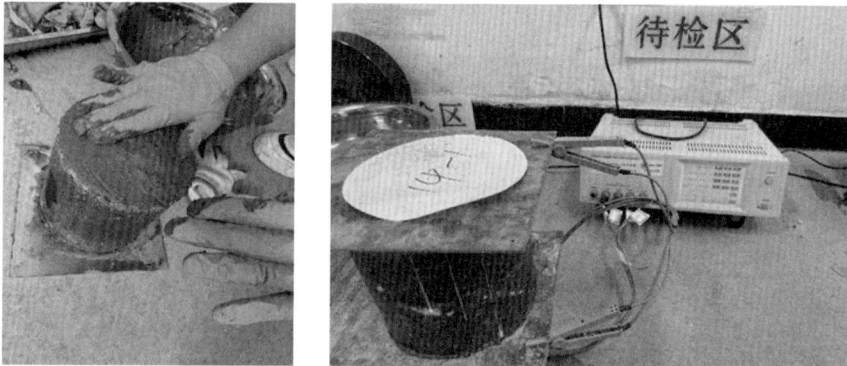

图3-5 基于 LCR 的试样电阻率测试

（3）含水率。

从试样中心处取 2 个代表性的土样各 100g，采用烘干法测其实际质量含水率 w，称量准确到 0.01g。两个含水率的最大允许差值应为 ±1%。

3）测试方案

（1）路面芯样介电常数-含水率试验方案见表3-4。

路面芯样介电常数、电导率试验方案　　　　　　　　　　表 3-4

试验名称	考虑因素	工况设置
路面芯样介电常数、电导率试验	芯样材料	沥青混凝土、水泥稳定碎石
	压实度	—
	含水率	干燥、饱水
	测试指标	介电常数

（2）砂质土填料介电常数-电导率-含水率试验方案见表 3-5。

砂质土填料介电常数、电导率试验方案　　　　　　　　　表 3-5

试验名称	考虑因素	工况设置
路基填料介电常数、电导率试验	材料	（1）粉土质砂 K61（梅州）； （2）粉土质砂 K23（梅州）； （3）黏土质砂 K16（梅州）
	压实度	90%、93%、96%
	含水率	w_{op}、$w_{op} \pm 2\%$、$w_{op} \pm 4\%$、$w_{op} \pm 6\%$
	测试指标	电导率、介电常数

（3）改良土路基填料介电常数-电导率-含水率试验方案见表 3-6。

改良土填料介电常数、电导率试验方案　　　　　　　　　表 3-6

试验名称	考虑因素	工况设置
路基改良土填料介电常数、电导率试验	材料	（1）原始材料：低液限黏土（武汉）； （2）黏土＋生石灰（6%）改良土； （3）黏土＋中粗砂（40%）改良土
	压实度	90%、93%、96%
	含水率	w_{op}、$w_{op} \pm 3\%$、$w_{op} \pm 6\%$
	测试指标	电导率、介电常数

（4）盐渍土路基填料介电常数-电导率-含水率试验方案见表 3-7。

路基盐渍土填料介电常数、电导率试验方案　　　　　　　表 3-7

试验名称	考虑因素	工况设置
路基盐渍土填料介电常数、电导率试验	材料	（1）低液限粉土（含盐量 1.06g/kg）； （2）低液限粉土（含盐量 2.12g/kg）； （3）低液限粉土（含盐量 3.0g/kg）； （4）低液限粉土（含盐量 4.5g/kg）
	压实度	80%
	含水率	w_{op}、$w_{op} \pm 2\%$、$w_{op} \pm 4\%$、$w_{op} \pm 6\%$
	测试指标	电导率、介电常数

3.2 路面芯样介电常数-含水率关系

试验中选取 4 种不同的路面芯样材料(图 3-6),其中 2 号样为沥青混凝土,1 号、3 号、4 号样为水泥稳定碎石。每一类设置两个重复样,所有样品在烘干后分别在截面 3 个不同部位测试介电常数,而在饱水后分别在截面 5 个不同部位测试介电常数。测试数据分别见图 3-7 和图 3-8。

图 3-6 路面芯样及编号

试验中利用网络矢量分析仪测试了路面芯样材料在电磁波频率 1～4500MHz 范围内介电常数的变化。如图 3-7 和图 3-8 所示,无论是在干燥后还是在饱水后介电常数在 200～1500MHz 范围(灰色框)内相对稳定,受频率变化的影响相对两侧频段较小,故通常路面探测的探地雷达频率应选择在此范围内。

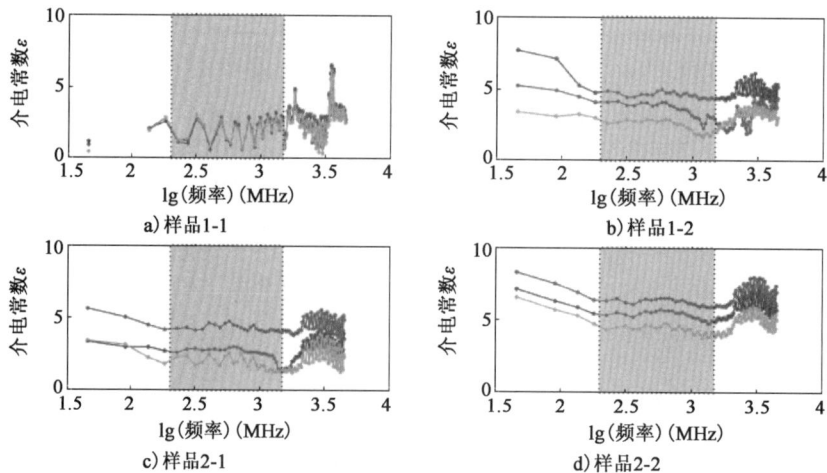

a)样品1-1

b)样品1-2

c)样品2-1

d)样品2-2

图 3-7

第 3 章 典型路基路面填料电磁特性试验分析

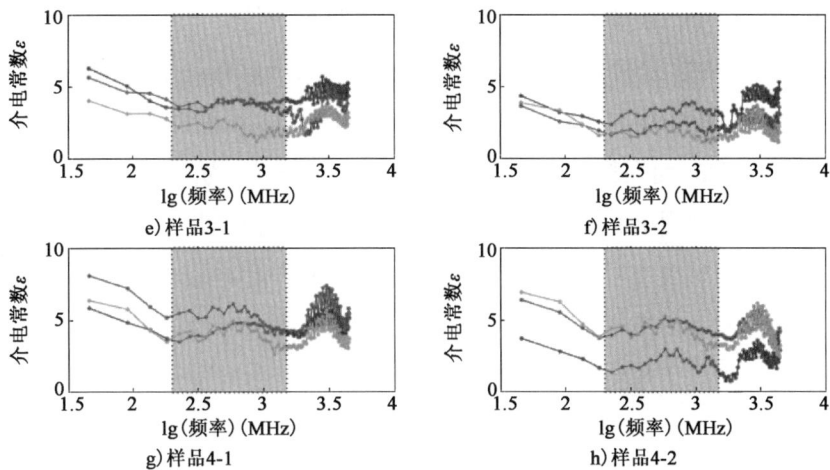

图 3-7 烘干后芯样介电常数测试结果

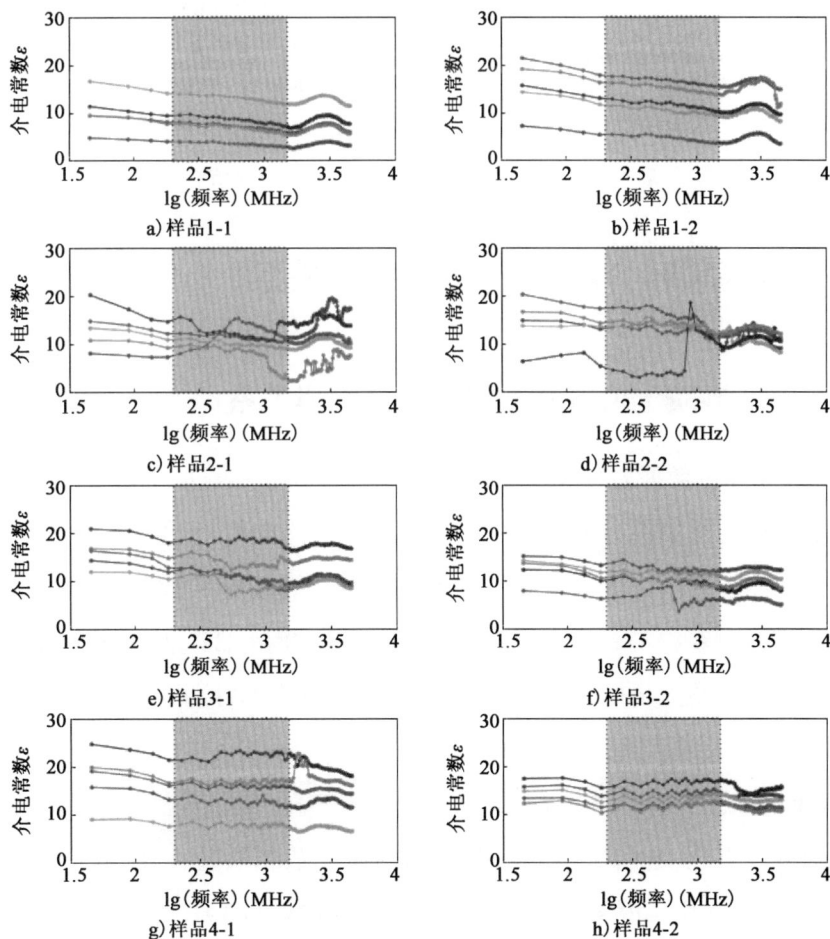

图 3-8 饱水后芯样介电常数测试结果

· 33 ·

此外,应注意不同路面材料在烘干后和饱水后两种条件下介电常数的差异。如图 3-9 所示,样品 1 的介电常数在两种条件下分别为 3.5 和 11.69,样品 2 分别为 2.44 和 10.71,样品 3 分别为 2.24 和 8.95,样品 4 分别为 4.25 和 14.12。4 种材料在干燥条件下变化范围较小,为 2.24 ~ 4.25;而在饱和条件下变化范围显著增大,为 8.95 ~ 14.12。显然,材料本身对介电常数的结果是有影响的,其差异随含水率增大而增大。这里需要指出的是在测试过程中使用的同轴头直径仅为 15 mm,而芯样界面中存在较大石子且分布不均,因而会导致相同水分控制条件下不同部位测试结果差别较大。相对而言,饱和后不同部位测试结果的离散度远大于干燥后结果的离散度。

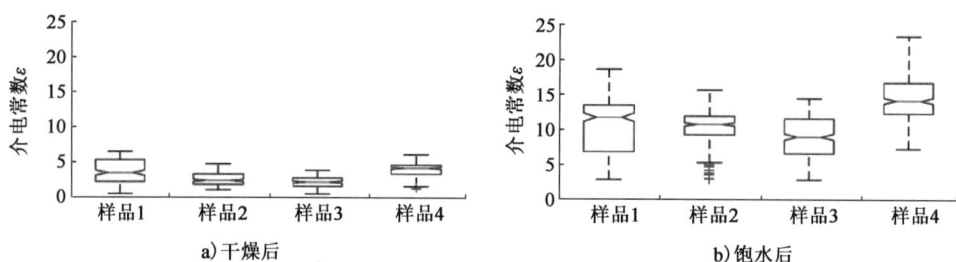

图 3-9 对比干燥后和饱水后芯样介电常数测试结果

3.3 路基填料介电常数与含水率关系

3.3.1 一般砂质土填料介电常数与含水率关系

(1)试验样品测试数据质量控制。

试验中 3 种砂质土填料为来自广东梅州某高速公路的粉土质砂 K61、粉土质砂 K23、黏土质砂 K16。经过室内处理后选用重型-Ⅱ-1 方法做击实试验,获得其最大干密度和最佳含水率。根据试验获得的最大干密度 ρ_{max},设置了 90%、93%、96% 3 种压实度控制条件。受试验条件和试验人员操作的影响,在 3 种压实度条件下实际制备的样品会存在一定的偏差。如图 3-10 所示,每种压实度控制条件下大部分样品的干密度分布在设计压实度左右,但有部分数据偏差相对较大。

为了确保介电常数、电阻率与含水率关系的研究数据质量,后续分析中做了以下处理:①将落在每种设计压实度偏差 ±1.5% 以内的样品数据归为一类,超出 97.5% 或小于 87.5% 的样品数据剔除;②试验中每一种含水率各设置了一个重复样品,分析过程中将含水率比较接近的样品数据重新归类,后续计算中取其平均值。

a) 粉土质砂 K61（梅州）

b) 粉土质砂 K23（梅州）

c) 黏土质砂 K16（梅州）

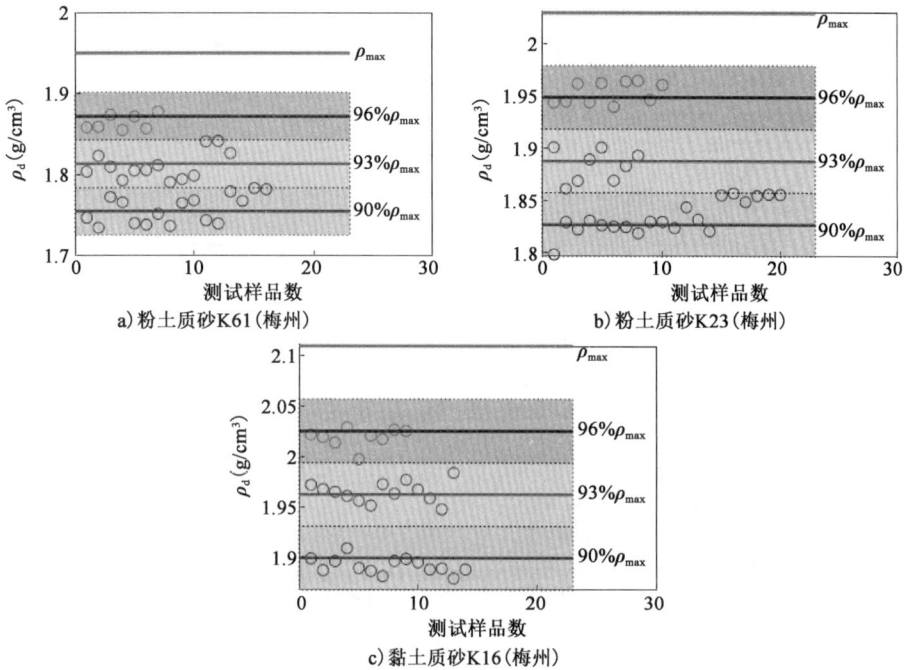

图 3-10　3 种砂质土填料在 3 种压实度控制条件下的干密度

（2）压实度对介电常数-含水率关系的影响。

3 种砂质土填料在 90%、93%、96% 3 种压实度控制条件下室内试验测试结果见图 3-11。图左侧［图 3-11a）、c）、e）］显示，总体上每种压实度条件下有效数据在 4～6 个，且分布于最佳含水率左右，能较好涵盖运营条件下含水率变化范围。图右侧［图 3-11b）、d）、f）］为每种填料相应压实度条件下的介电常数-含水率关系拟合结果。

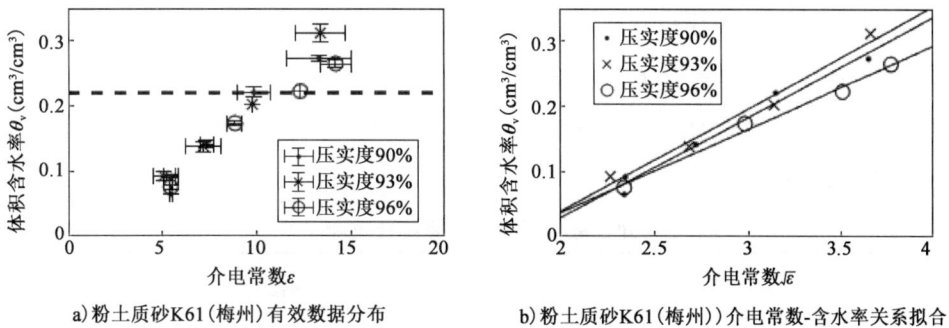

a) 粉土质砂 K61（梅州）有效数据分布

b) 粉土质砂 K61（梅州））介电常数-含水率关系拟合

图　3-11

c) 粉土质砂K23（梅州）有效数据分布

d) 粉土质砂K23（梅州）介电常数-含水率关系拟合

e) 黏土质砂K16（梅州）有效数据分布

f) 黏土质砂K16（梅州）介电常数-含水率关系拟合

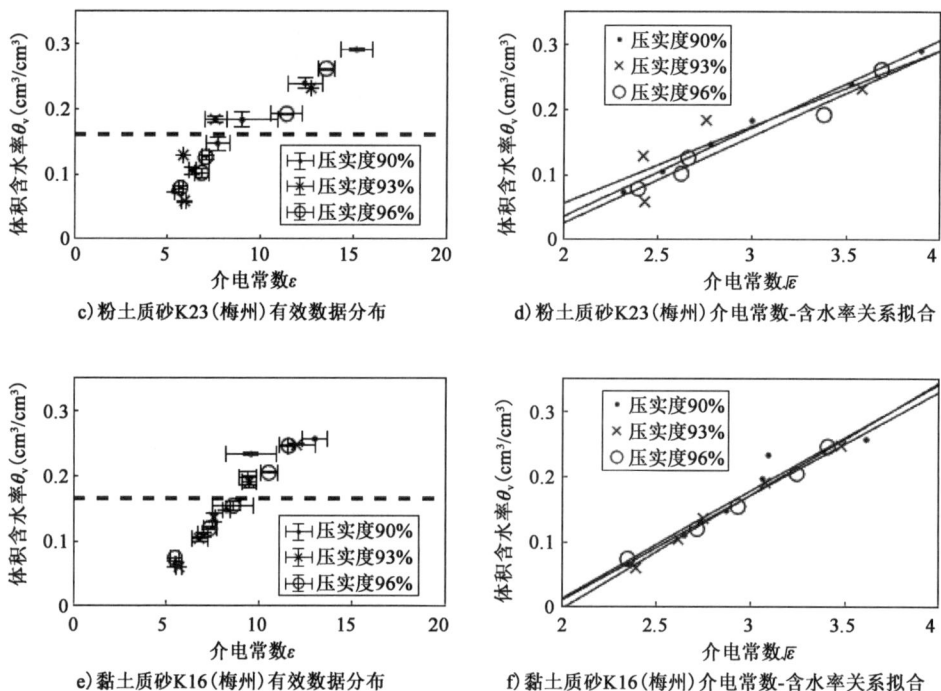

图3-11 不同压实度条件下3种砂质土填料介电常数和体积含水率关系拟合（虚线为最佳含水率）

鉴于常规土体介电常数-含水率关系模型特点,本章中选择的拟合模型如式(3-4)所示:

$$\theta = a\sqrt{\varepsilon} + b \tag{3-4}$$

式中,θ 为体积含水率(cm^3/cm^3); ε 为观测介电常数;a 和 b 为拟合参数。具体拟合结果见表3-8。需要注意的是,本试验中粉土质砂 K61(梅州)在96%压实度条件下模型拟合参数差异相对较大,主要原因是其有效数据偏少(仅4个)。此外,粉土质砂 K23(梅州)在93%压实度条件和黏土质砂 K16(梅州)在90%压实度条件下拟合质量偏低,主要与有效数据偏少且个别数据异常有关。总体而言,常规路基压实条件下,压实度在90% ~ 96%范围内变化对介电常数-含水率关系模型参数影响不大,实际应用中不必考虑压实度变化对校正模型参数的影响。

介电常数-含水率关系拟合统计 表3-8

类型	压实度	拟合公式	拟合质量
粉土质砂 K61	90%	$\theta = 0.1542\sqrt{\varepsilon} - 0.28$	$R^2 = 0.977, RMSE = 0.026$
	93%	$\theta = 0.1575\sqrt{\varepsilon} - 0.28$	$R^2 = 0.979, RMSE = 0.024$
	96%	$\theta = 0.1285\sqrt{\varepsilon} - 0.22$	$R^2 = 0.990, RMSE = 0.014$

类型	压实度	拟合公式	拟合质量
粉土质砂 K23	90%	$\theta = 0.1354\sqrt{\varepsilon} - 0.24$	$R^2 = 0.994, \text{RMSE} = 0.015$
	93%	$\theta = 0.1175\sqrt{\varepsilon} - 0.18$	$R^2 = 0.728, \text{RMSE} = 0.067$
	96%	$\theta = 0.1324\sqrt{\varepsilon} - 0.24$	$R^2 = 0.972, \text{RMSE} = 0.025$
黏土质砂 K16	90%	$\theta = 0.1636\sqrt{\varepsilon} - 0.31$	$R^2 = 0.914, \text{RMSE} = 0.048$
	93%	$\theta = 0.1724\sqrt{\varepsilon} - 0.35$	$R^2 = 0.992, \text{RMSE} = 0.013$
	96%	$\theta = 0.1589\sqrt{\varepsilon} - 0.31$	$R^2 = 0.985, \text{RMSE} = 0.016$

3.3.2　黏质土及改良土填料介电常数与含水率关系

（1）试验样品测试数据质量控制。

试验中选取需要改良的低液限黏土作为研究对象,分别针对低液限黏土、6% 生石灰改良土和 40% 中粗砂改良土 3 种填料,选用重型-Ⅱ-1 击实法进行击实试验,获取最大干密度和最佳含水率。根据试验获得的最大干密度 $\rho_{\max}$,设置了 90%、93%、96% 3 种压实度控制条件,其中低液限黏土只测试了 93% 和 96% 条件下介电常数和含水率。受试验条件和试验人员操作的影响,在 3 种压实度条件下实际制备的样品会存在一定的偏差（图 3-12）。每种压实度控制条件下大部分样品的干密度分布在设计压实度左右,但有部分数据偏差相对较大。

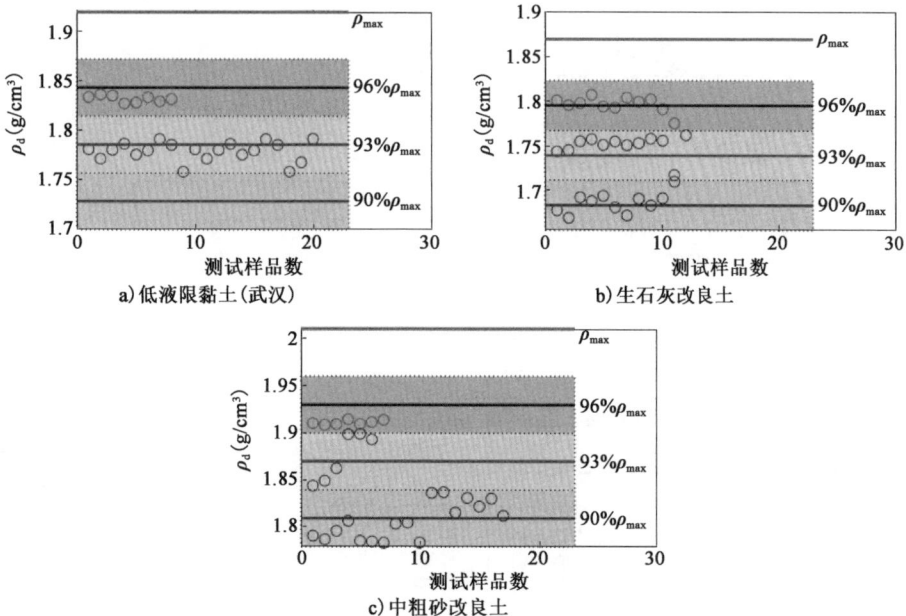

图 3-12　不同压实度条件下 3 种改良土填料干密度

为了确保介电常数、电导率与含水率关系的研究数据质量,后续分析中做了以下处理:①将落在每种设计压实度偏差 ±1.5% 以内的样品数据归为一类,超出 97.5% 或小于 87.5% 的样品数据剔除;②试验中每一种含水率各设置了一个重复样品,后续计算中取其平均值,而个别被剔除的样品则没有重复样品数据。

(2)压实度对介电常数-含水率关系的影响。

两种改良土路基填料在 90%、93%、96% 3 种压实度控制条件下室内试验测试结果见图 3-13。击实试验结果表明,加 6% 生石灰使最佳含水率增加约 2%,而加 40% 中砂使最佳含水率降低约 1%。试验中由于原土在较低和较高含水率情形下样品不易成型,导致每种压实度条件下样品测试有效数据仅 4~5 个。总体上每种压实度条件下数据分布于最佳含水率左右,能较好涵盖运营条件下含水率变化范围。

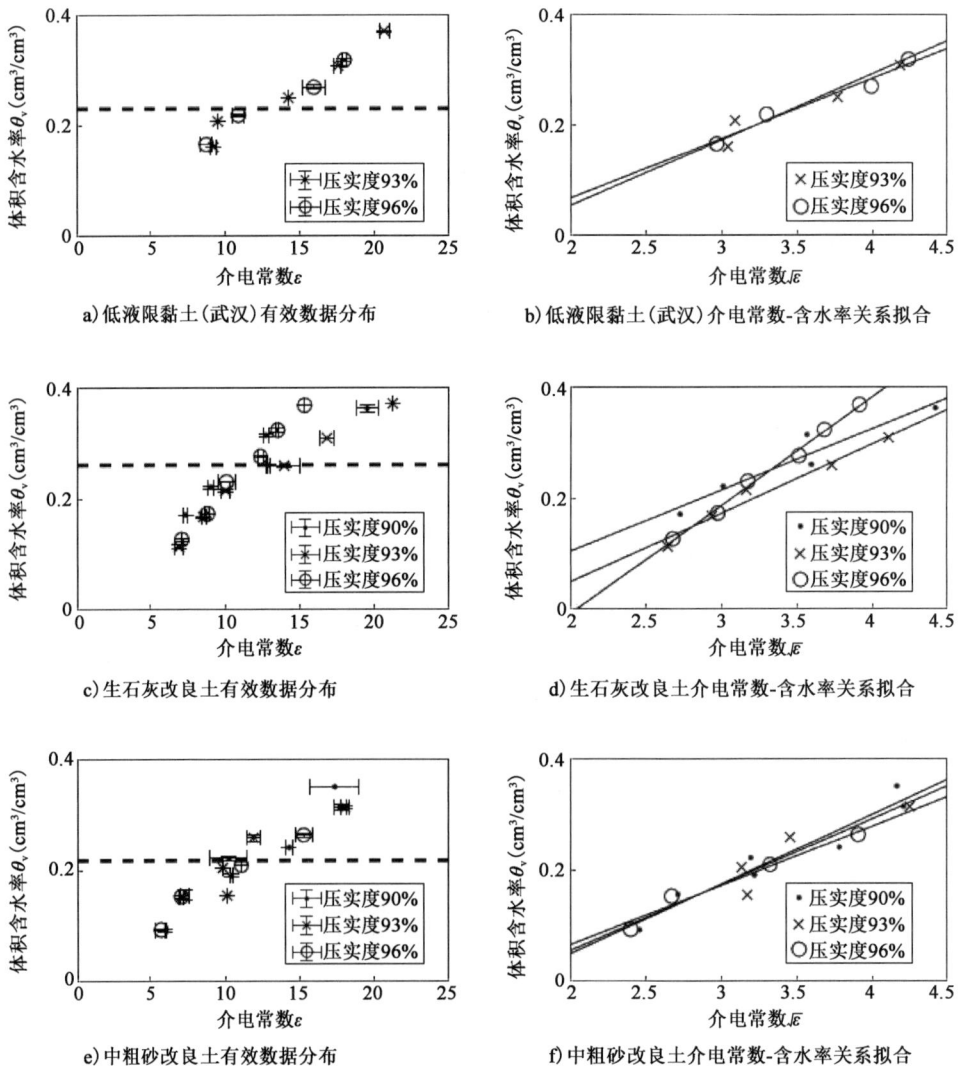

a)低液限黏土(武汉)有效数据分布
b)低液限黏土(武汉)介电常数-含水率关系拟合
c)生石灰改良土有效数据分布
d)生石灰改良土介电常数-含水率关系拟合
e)中粗砂改良土有效数据分布
f)中粗砂改良土介电常数-含水率关系拟合

图 3-13　不同压实度条件下 3 种改良土路基填料介电常数和体积含水率关系拟合(虚线为最佳含水率)

采用上述介电常数-含水率关系模型拟合,具体拟合结果见表 3-9。由于改良土在相对较低压实度(90%和 93%)条件下数据离散度较大且数据点偏少,致使拟合质量偏低,均方根误差 RMSE 大于 3%。总体而言,不同于原土和加砂改良土、加生石灰改良后拟合模型参数变化较大,在实际应用中应考虑压实度变化对校正模型参数的影响。尤其在加不同比例生石灰的情况下,应进一步试验验证其对最大压实度、介电常数-含水率关系模型的影响。

介电常数-含水率关系模型拟合统计

表 3-9

类型	压实度	拟合公式	拟合质量
低液限黏土	90%	—	—
	93%	$\theta = 0.1185\sqrt{\varepsilon} - 0.1823$	$R^2 = 0.949, RMSE = 0.037$
	96%	$\theta = 0.1077\sqrt{\varepsilon} - 0.1475$	$R^2 = 0.966, RMSE = 0.021$
低液限黏土 +6% 石灰	90%	$\theta = 0.1096\sqrt{\varepsilon} - 0.1144$	$R^2 = 0.910, RMSE = 0.045$
	93%	$\theta = 0.1236\sqrt{\varepsilon} - 0.1978$	$R^2 = 0.984, RMSE = 0.027$
	96%	$\theta = 0.1943\sqrt{\varepsilon} - 0.3960$	$R^2 = 0.992, RMSE = 0.018$
低液限黏土 +40% 中粗砂	90%	$\theta = 0.1247\sqrt{\varepsilon} - 0.1996$	$R^2 = 0.932, RMSE = 0.057$
	93%	$\theta = 0.1179\sqrt{\varepsilon} - 0.1803$	$R^2 = 0.809, RMSE = 0.051$
	96%	$\theta = 0.1060\sqrt{\varepsilon} - 0.1461$	$R^2 = 0.968, RMSE = 0.023$

3.3.3　盐渍土填料介电常数与含水率关系

(1)试验样品测试数据质量控制。

试验中选取典型黄河河套地区低液限粉土为对象,通过适当盐分配比使其成为 4 种盐分梯度[可溶性盐 TDS(总溶解固体):1.06g/kg、2.12g/kg、3.0g/kg、4.5g/kg]的路基填料。经过室内处理后选用重型-Ⅱ-1 击实法进行击实试验,获取最大干密度和最佳含水率。根据试验获得的最大干密度 ρ_{max},设置了一种压实度 80% 的控制条件。

为了确保介电常数、电阻率与含水率关系的研究数据质量,后续分析中做了以下处理(图 3-14):①将落在设计压实度偏差 ±1.5% 以内的样品数据归为一类,超出 97.5% 或小于 87.5% 的样品数据剔除;②试验中每一种含水率各设置了一个重复样品,后续计算中取其平均值,而个别被剔除的样品则没有重复样品数据。

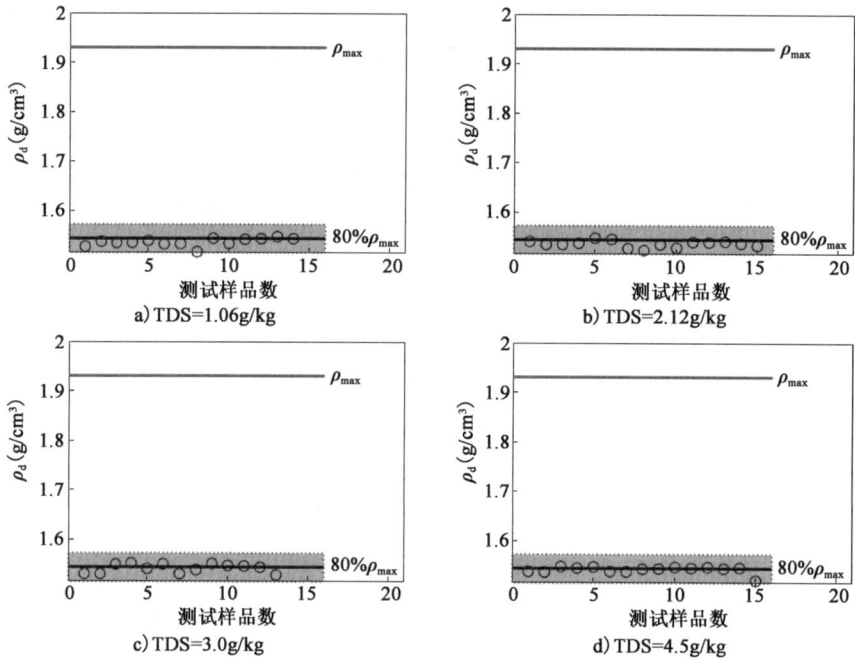

图 3-14　不同含盐量条件下盐渍土填料的干密度

（2）含盐量对介电常数-含水率关系的影响。

盐渍土路基填料在压实度 80% 控制条件下室内试验测试结果见图 3-15，图右侧［图 3-15b）、d）、f）、h）］为每种填料相应压实度条件下的介电常数-含水率关系拟合结果。

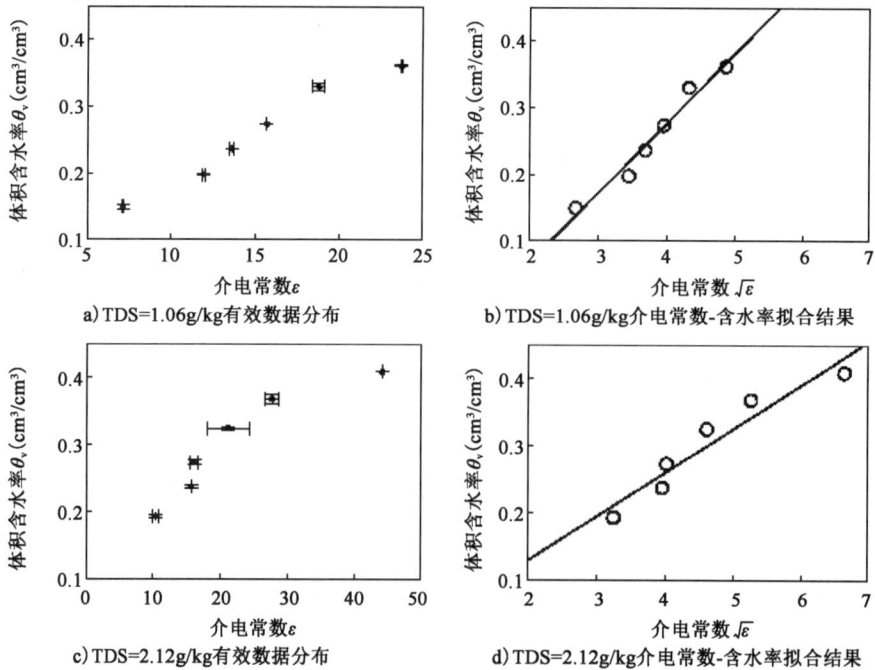

a）TDS=1.06g/kg有效数据分布

b）TDS=1.06g/kg介电常数-含水率拟合结果

c）TDS=2.12g/kg有效数据分布

d）TDS=2.12g/kg介电常数-含水率拟合结果

图　3-15

e) TDS=3.0g/kg有效数据分布　　　　f) TDS=3.0g/kg介电常数-含水率拟合结果

g) TDS=4.5g/kg有效数据分布　　　　h) TDS=4.5g/kg介电常数-含水率拟合结果

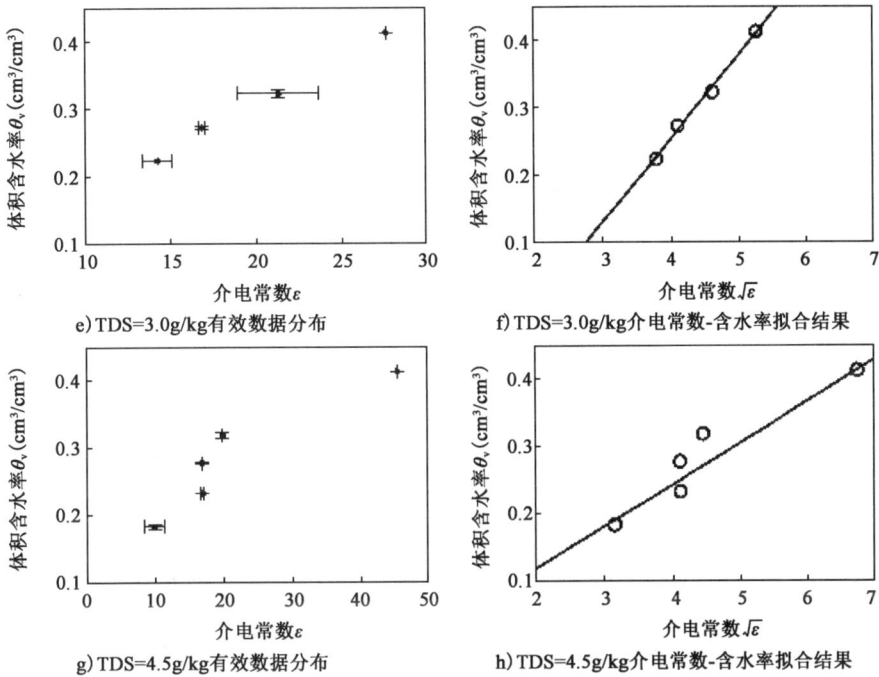

图 3-15　不同含盐量的盐渍土填料介电常数与体积含水率数据关系拟合

同样采用上述介电常数-含水率关系模型拟合,具体拟合结果见表 3-10。我们可以发现含盐量在 1.06g/kg 和 3.0g/kg 的模型拟合质量相对较好,且参数与前面两类路基填料类似,而其他两种含盐量的模型拟合质量相对偏低,均方根误差 RMSE 大于 5% 。主要原因在于含盐量在 2.12g/kg 和 4.5g/kg 的模型包含了含水率超过 40% 的数据点。因为当土体含盐量超过一定量级且含水率较高时,用 TDR 测得的介电常数存在较大的偏差。因此,基于电磁波传播速度的 TDR 或 GPR 等方法通常不建议用于测试盐渍土介电常数。

介电常数-含水率关系模型拟合统计　　　　　　表 3-10

TDS(g/kg)	拟合公式	拟合质量
1.06	$\theta = 0.1046\sqrt{\varepsilon} - 0.14$	$R^2 = 0.968, RMSE = 0.032$
2.12	$\theta = 0.0650\sqrt{\varepsilon} - 0.0004$	$R^2 = 0.919, RMSE = 0.052$
3.0	$\theta = 0.1241\sqrt{\varepsilon} - 0.24$	$R^2 = 0.995, RMSE = 0.010$
4.5	$\theta = 0.0619\sqrt{\varepsilon} - 0.005$	$R^2 = 0.906, RMSE = 0.053$

3.3.4　不同填料介电常数与含水率关系模型对比

目前常用的岩土体介电常数-含水率经验模型主要有混合介质模型、多项式模型、Alharathi 模型等几类。混合介质模型物理意义明确,但涉及参数较多,工程应用较少。多项式模型如式(3-5)所示,Alharathi 模型如式(3-6)所示,参数相对少,使用方便,是目前应用较多的模型。本文选用这两个模型进行拟合分析。

$$\theta = a_0 + a_1\varepsilon + a_2\varepsilon^2 + a_3\varepsilon^3 \tag{3-5}$$

式中，θ 为体积含水率(cm^3/cm^3)；ε 为土体介电常数；a_0、a_1、a_2、a_3 为拟合参数。

$$\theta = a\sqrt{\varepsilon} + b \qquad (3-6)$$

式中，θ 为体积含水率(cm^3/cm^3)；ε 为观测介电常数；a 和 b 为拟合参数。

以不同填料压实度为90%的介电常数-含水率测试数据为例,分别采用多项式模型与 Alharathi模型进行拟合,如图3-16所示。总体上两个模型的拟合效果均较好,除了 Alharathi 模型拟合盐渍土的 $R^2 = 0.85$,其余的数据拟合 $R^2 > 0.90$。这主要是由于盐渍土的介电常数-含水率曲线形态更接近幂函数多项式,因此盐渍土的介电常数-含水率关系宜采用多项式模型。

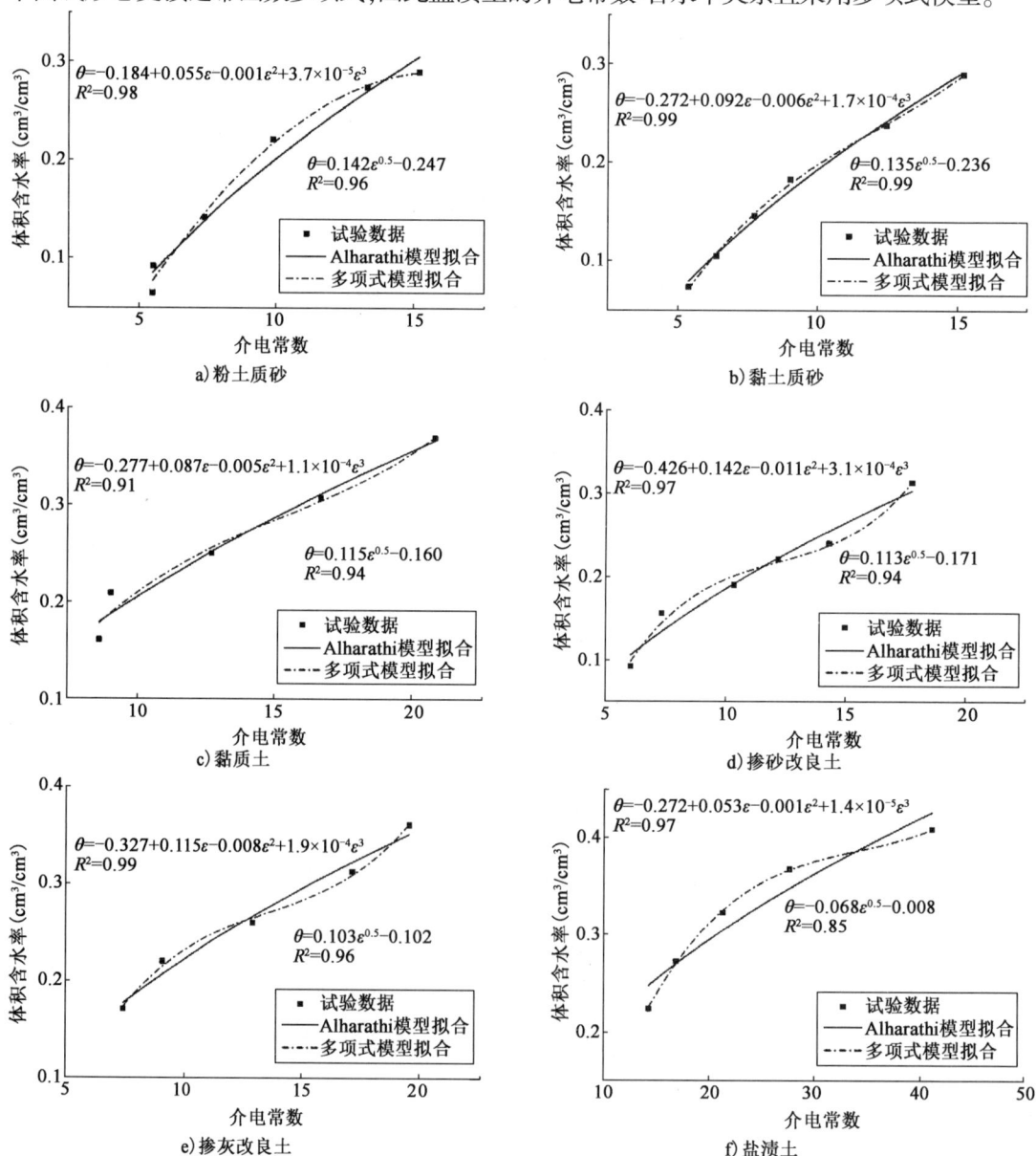

图 3-16　不同模型拟合效果对比

对比不同填料的拟合精度,发现多项式模型的拟合精度比 Alharathi 模型高,主要是因为多项式模型为 3 次幂函数,比 Alharathi 模型的 0.5 次幂明显要高,可以拟合比较复杂的曲线形态。但多项式模型受数据点的波动影响较大,拟合曲线形态不稳定,比如砂质土和黏质土的拟合曲线形态明显不同,而不同土类的 Alharathi 模型拟合曲线形态和拟合参数变化较小。对于黏质土、砂质土、改良土等一般路基压实填料,Alharathi 模型拟合精度比多项式模型略低,但可满足工程应用要求。该模型简单实用,建议一般路基填料采用 Alharathi 模型。

3.4　路基填料电阻率与含水率关系

3.4.1　一般砂质土填料电阻率与含水率关系

不同压实度的砂质土填料的含水率与电阻率测量如图 3-17 所示。在试验过程中,实际样品含水率不可避免地会与设计含水率存在一定偏差,数据处理过程中,将该类数据归为一组。总体而言,3 种土质较高含水率样品的电阻率测量变化范围较小,较干燥样品的电阻率变化范围较大。其原因在于干燥样品测量时与测量铜片电极更难以完全贴合,会导致相对较大的电阻率离散性;而含水率更高的样品压实后,与铜片电极接触时贴合会更加密实,数据离散度相对较小。

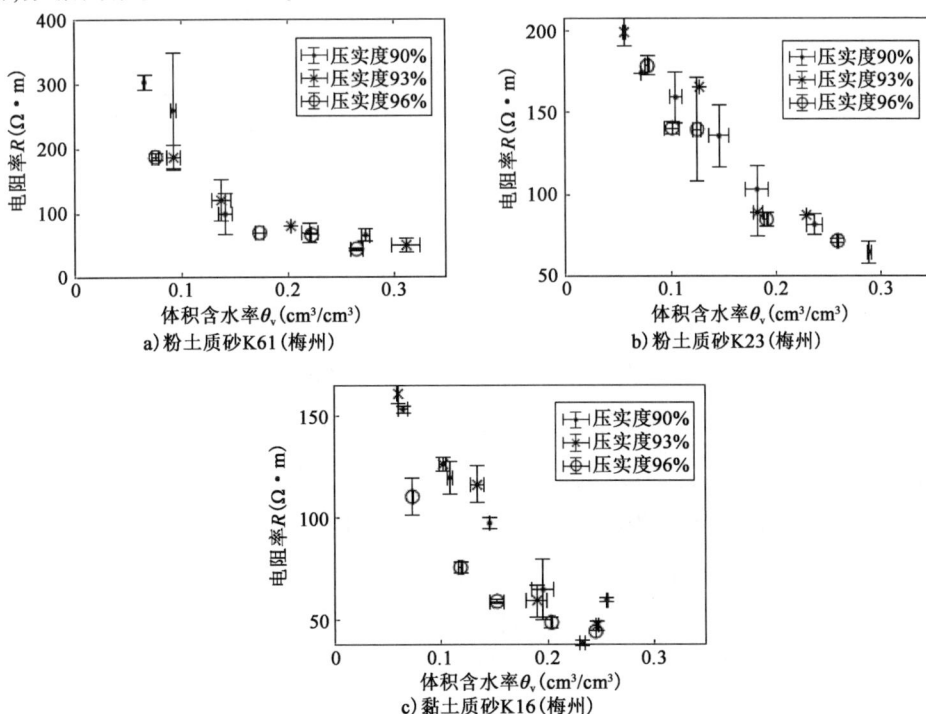

a) 粉土质砂 K61(梅州)　　　　b) 粉土质砂 K23(梅州)

c) 黏土质砂 K16(梅州)

图 3-17　不同压实度条件下 3 种砂质土填料电阻率随含水率变化

根据上述样品的分组,对同一组样品的含水率与电阻率求平均值,得到各组样品的含水率和电阻率分布规律如图 3-18 所示。采用电阻率与含水率之间最为常用的 Archie 公式(Archie,1942)[式(3-7)]进行拟合:

$$\rho = \rho_w \phi^{-m} s_w^{-n} \tag{3-7}$$

式中,ρ_w 为填料孔隙水电阻率($\Omega \cdot m$);ϕ 为孔隙率;s_w 为饱和度;m 为胶结度指数,n 为饱和度指数,m、n 为待拟合参数。

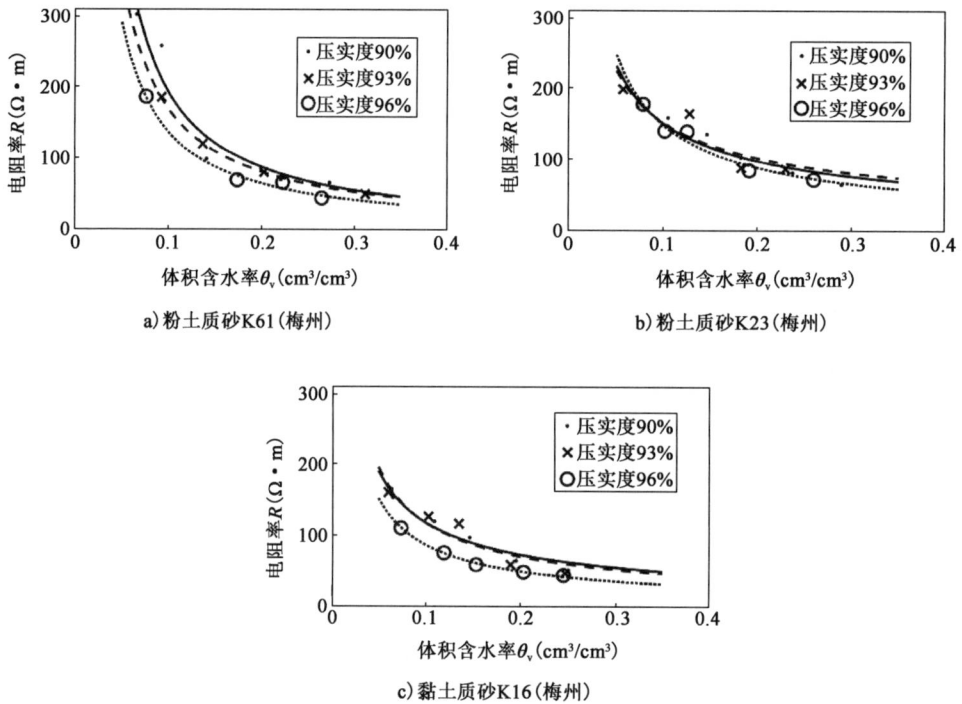

a)粉土质砂K61(梅州)

b)粉土质砂K23(梅州)

c)黏土质砂K16(梅州)

图3-18 不同压实度下3种砂质土填体积料含水率与电阻率关系 Archie 公式拟合

可以看出,3 种土的不同压实度的 Archie 公式拟合均能得到较好的拟合结果。同一种土质的不同压实度的拟合曲线存在较明显的差别。总体而言,90% 和 93% 压实度的拟合曲线较为接近;而 93% 与 96% 压实度的拟合曲线差别更为明显。此外,在低含水率区段,不同压实度的拟合曲线较为接近;而在较高含水率区段,不同压实度拟合曲线差异更大,尤其是梅州 K23 粉土质砂和梅州 K16 黏土质砂土样。

3 种土质的拟合公式及其拟合质量如表 3-11 所示,3 种土质各压实度的拟合系数 R^2 在 0.834 到 1.000 之间。从拟合关系式可以看出,在压实度 90% 至 96% 范围内,胶结度指数 m 和压实度指数 n 呈现较为复杂的关系,而且不同土质类型这两种参数的变化趋势也不一致。如梅州 K61 粉土质砂和梅州 K23 粉土质砂随着压实度由 90% 增加至 96%,胶结度指数先增后减,而饱和度指数先减小再增加。梅州 K16 黏土质砂随压实度增加,胶结度指数呈单调减小趋势,饱和度指数呈单调增加趋势。

3 种土质 Archie 公式拟合公式及其拟合质量　　　　　　表 3-11

类型	压实度	拟合公式	拟合质量
粉土质砂 K61	90%	$\rho = \rho_w \phi^{-1.733} s_w^{-1.14}$	$R^2 = 0.924, RMSE = 4.941$
	93%	$\rho = \rho_w \phi^{-1.786} s_w^{-1.064}$	$R^2 = 1.000, RMSE = 0.078$
	96%	$\rho = \rho_w \phi^{-1.618} s_w^{-1.084}$	$R^2 = 0.993, RMSE = 1.171$
粉土质砂 K23	90%	$\rho = \rho_w \phi^{-2.009} s_w^{-0.620}$	$R^2 = 0.920, RMSE = 1.909$
	93%	$\rho = \rho_w \phi^{-2.171} s_w^{-0.570}$	$R^2 = 0.834, RMSE = 4.847$
	96%	$\rho = \rho_w \phi^{-1.898} s_w^{-0.740}$	$R^2 = 0.960, RMSE = 1.724$
黏土质砂 K16	90%	$\rho = \rho_w \phi^{-1.909} s_w^{-0.690}$	$R^2 = 0.961, RMSE = 1.708$
	93%	$\rho = \rho_w \phi^{-1.856} s_w^{-0.737}$	$R^2 = 0.877, RMSE = 4.085$
	96%	$\rho = \rho_w \phi^{-1.532} s_w^{-0.809}$	$R^2 = 0.998, RMSE = 0.303$

文献中疏松砂的胶结指数为 1.3(Friedman,2005;Schön,2015),而本试验拟合得到的胶结度指数在 1.5~2.2 范围内,可见填料的胶结指数与填料密实程度有关。总体而言,随密实度增加,胶结度指数会升高。文献中非压实砂土的饱和度指数范围为 2~3(Glover,2009),而本试验数据拟合得到的饱和度指数在 0.62~1.14 范围内,比非压实土显著偏低。

除 Archie 公式之外,指数函数关系也常被用于拟合填料含水率与电阻率的变化关系(De melo et al.,2021;Islam et al.,2012),具体形式如式(3-8)所示:

$$\rho = \psi e^{-\alpha\theta} \tag{3-8}$$

式中,θ 为填料体积含水率(cm³/cm³);ρ 为填料电阻率(Ω·m);ψ 为电阻率指数,随着土质类型不同而不同;α 为所有填料电阻率方程的平均衰减常数。

从拟合曲线(图 3-19)和拟合结果的统计表格(表 3-12)中可以看出,同一种填料在不同压实度下呈现出差异较显著的拟合关系式,尤其是在较低含水率区段压实度对含水率的影响更大。其中,梅州 K61 粉土质砂的电阻率指数随压实度增加而减小,而另外两种填料随压实度增加电阻率指数先增后减。梅州 K61 粉土质砂衰减常数随压实度增加先减后增,而另外两种土则为先增后减。

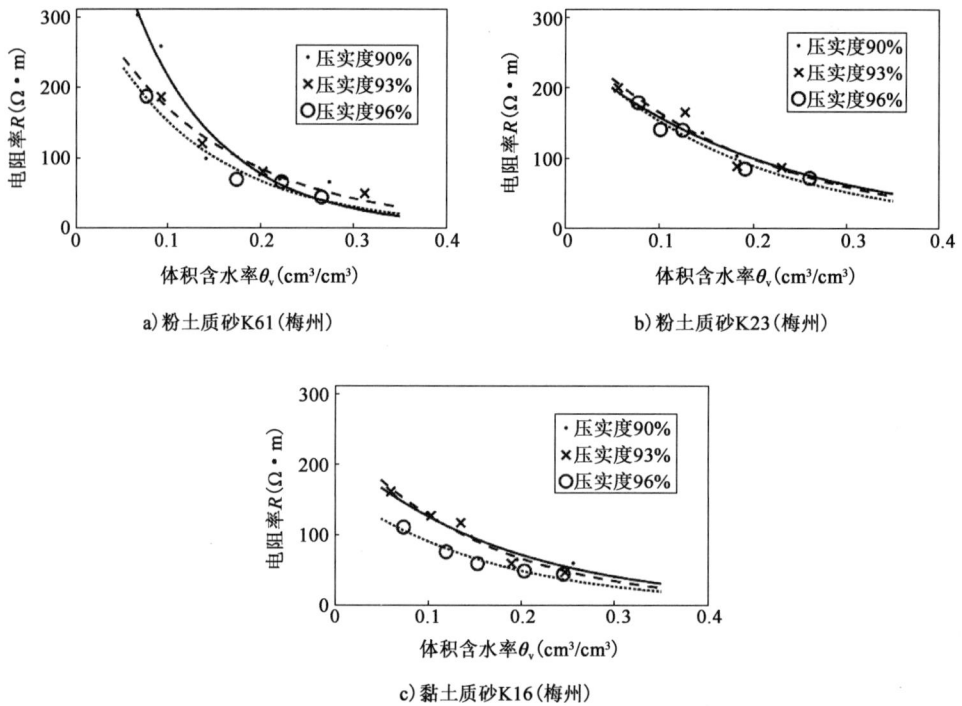

a) 粉土质砂K61(梅州)

b) 粉土质砂K23(梅州)

c) 黏土质砂K16(梅州)

图 3-19　不同压实度下砂质土填料含水率与电阻率关系指数函数公式拟合结果

3 种土质指数函数拟合公式及其拟合质量　　　　　表 3-12

类型	压实度	拟合公式	拟合质量
粉土质砂 K61	90%	$\rho = 599.6\,e^{-10.23\theta}$	$R^2 = 0.934, \mathrm{RMSE} = 33.36$
	93%	$\rho = 341.9\,e^{-6.969\theta}$	$R^2 = 0.972, \mathrm{RMSE} = 12.08$
	96%	$\rho = 340.6\,e^{-8.092\theta}$	$R^2 = 0.974, \mathrm{RMSE} = 12.68$
粉土质砂 K23	90%	$\rho = 250.9\,e^{-4.621\theta}$	$R^2 = 0.985, \mathrm{RMSE} = 5.953$
	93%	$\rho = 274.9\,e^{-5.113\theta}$	$R^2 = 0.906, \mathrm{RMSE} = 21.11$
	96%	$\rho = 262.3\,e^{-5.407\theta}$	$R^2 = 0.957, \mathrm{RMSE} = 10.54$
黏土质砂 K16	90%	$\rho = 220.6\,e^{-5.617\theta}$	$R^2 = 0.979, \mathrm{RMSE} = 6.553$
	93%	$\rho = 246.3\,e^{-6.559\theta}$	$R^2 = 0.957, \mathrm{RMSE} = 11.48$
	96%	$\rho = 166.5\,e^{-6.098\theta}$	$R^2 = 0.955, \mathrm{RMSE} = 6.585$

对数函数形式也可用来拟合每个压实度下电阻率和含水率关系,拟合公式可表示为:

$$\rho = -c\,\log_{10}\theta - d \tag{3-9}$$

式中,θ 为体积含水率($\mathrm{cm}^3/\mathrm{cm}^3$);$c$ 和 d 是模型的拟合参数。

图 3-20 展示了 3 种砂质土使用对数模型的拟合情况。对数模型的拟合度在 0.88 ~ 0.98 之间,略低于 Archie 模型和指数模型。对于每种类型的路基土填料,随着压实度的

增大,拟合参数(c 和 d)的变化趋势基本一致。但对于不同类型的路基土,变化趋势则不同。例如,随着压实度增大,梅州 K23 粉土质砂的参数增大,而梅州 K61 粉土质砂的参数则是先减少后增大(表 3-13)。

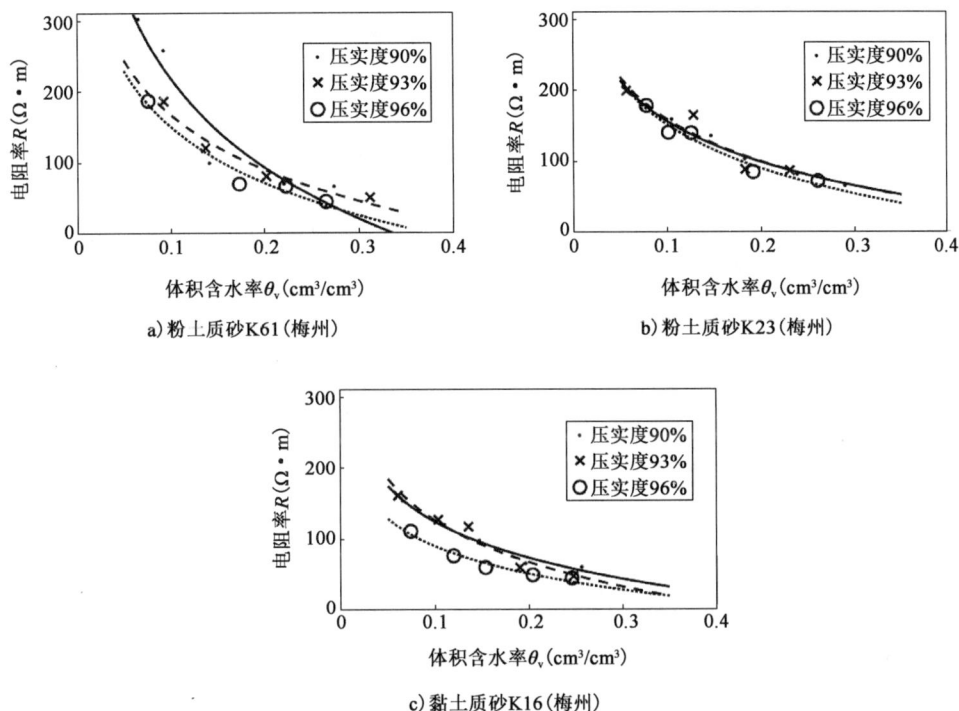

a) 粉土质砂 K61(梅州)

b) 粉土质砂 K23(梅州)

c) 黏土质砂 K16(梅州)

图 3-20　3 种砂质土填料含水率与电阻率对数函数公式拟合结果

3 种土质对数函数拟合公式及其拟合质量　　　　表 3-13

类型	压实度	拟合公式	拟合质量
粉土质砂 K61	90%	$\rho = -415.3 \log_{10}\theta - 197.1$	$R^2 = 0.91$
	93%	$\rho = -256.2 \log_{10}\theta - 89$	$R^2 = 0.96$
	96%	$\rho = -263.0 \log_{10}\theta - 112.8$	$R^2 = 0.97$
粉土质砂 K23	90%	$\rho = -191.5 \log_{10}\theta - 35.2$	$R^2 = 0.97$
	93%	$\rho = -197.9 \log_{10}\theta - 38.9$	$R^2 = 0.88$
	96%	$\rho = -205.5 \log_{10}\theta - 53.9$	$R^2 = 0.96$
黏土质砂 K16	90%	$\rho = -168.4 \log_{10}\theta - 45.0$	$R^2 = 0.98$
	93%	$\rho = -195.7 \log_{10}\theta - 70.2$	$R^2 = 0.95$
	96%	$\rho = -129.1 \log_{10}\theta - 40.0$	$R^2 = 0.97$

3.4.2　黏质土及改良土填料电阻率与含水率关系

路基改良土的含水率与电阻率的测试过程、数据分类及处理与砂质土填料相同。按设计含水率分组后的测试结果如图 3-21 所示,与砂质土填料类似,3 种土质填料的较高含水率样品的电阻率测量变化范围较小,较干燥样品的电阻率变化范围较大。

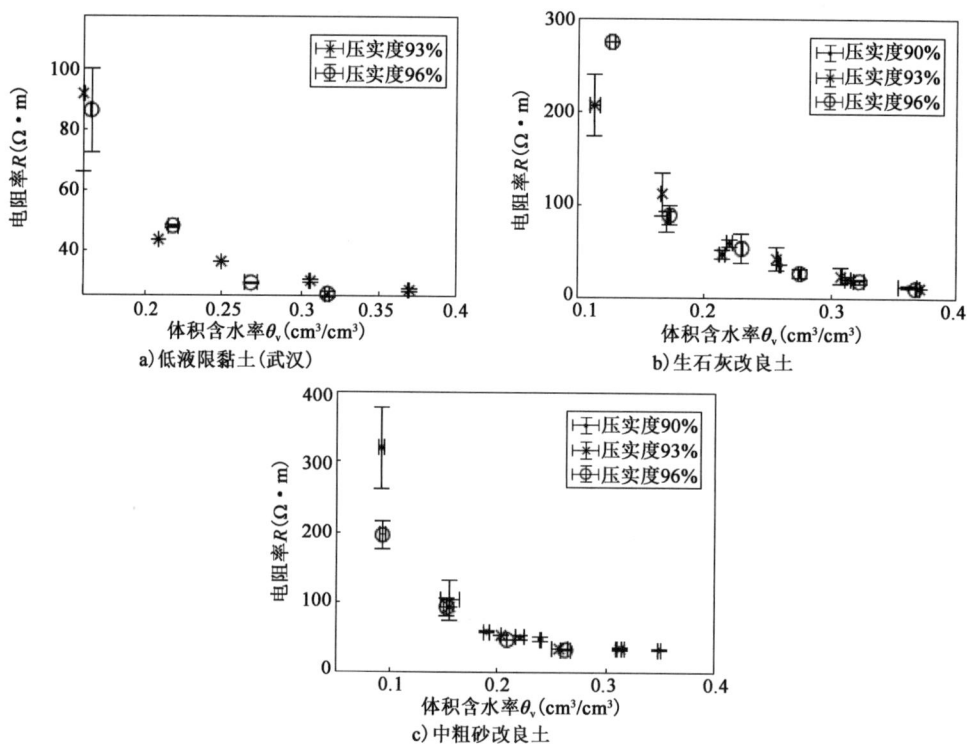

图 3-21　3 种改良土路基填料电阻率随体积含水率变化

采用 Archie 公式,拟合低液限黏土、掺加 6% 生石灰改良土和 40% 中粗砂改良土的含水率与电阻率关系,拟合结果如图 3-22 所示。总体而言,3 种填料的拟合结果均较好,拟合系数在 0.920 至 0.996 之间。与砂质土填料相比,低液限黏土及其改良土受压实度的影响相对较小。此外,在低含水率(低于 20%)时压实度对拟合关系式的影响最明显。

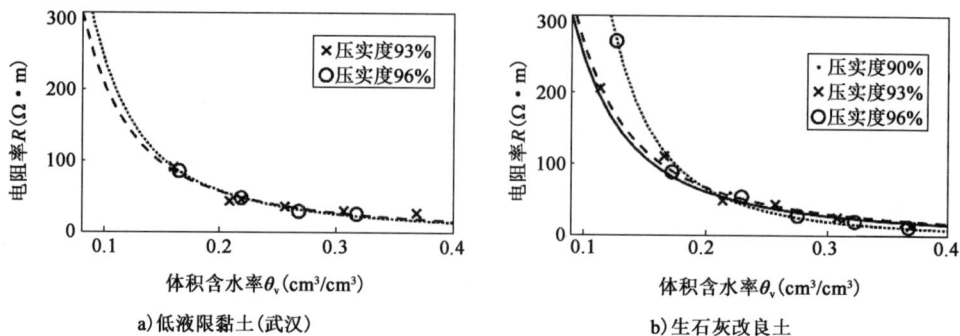

图　3-22

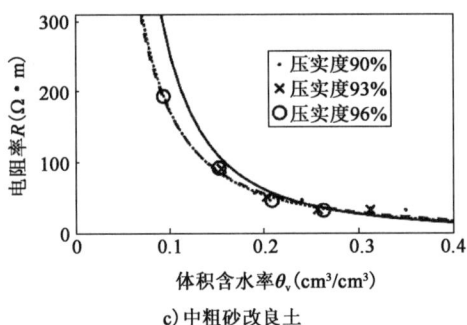

c) 中粗砂改良土

图 3-22 黏质土及改良土含水率与电阻率 Archie 公式拟合结果

从拟合得到的 Archie 公式各参数如表 3-14 所示。与砂质土填料相比,低液限黏土及其改良土的胶结度指数相对偏低,变化范围为 1.35 ~ 1.80;而饱和度指数相对更高,变化范围为 1.58 ~ 3.10。这与文献中的饱和度指数和胶结度指数较为接近。

3 种土质 Archie 公式拟合公式及其拟合质量   表 3-14

类型	压实度	拟合公式	拟合质量
低液限黏土	90%	—	—
	93%	$\rho = \rho_w \phi^{-1.481} s_w^{-1.855}$	$R^2 = 0.920, RMSE = 1.710$
	96%	$\rho = \rho_w \phi^{-1.578} s_w^{-2.060}$	$R^2 = 0.994, RMSE = 0.733$
低液限黏土 + 6% 石灰改良土	90%	$\rho = \rho_w \phi^{-1.647} s_w^{-2.036}$	$R^2 = 0.968, RMSE = 1.706$
	93%	$\rho = \rho_w \phi^{-1.793} s_w^{-2.000}$	$R^2 = 0.986, RMSE = 2.839$
	96%	$\rho = \rho_w \phi^{-1.353} s_w^{-3.104}$	$R^2 = 0.993, RMSE = 2.845$
低液限黏土 + 40% 中粗砂改良土	90%	$\rho = \rho_w \phi^{-1.478} s_w^{-2.021}$	$R^2 = 0.992, RMSE = 2.150$
	93%	$\rho = \rho_w \phi^{-1.711} s_w^{-1.583}$	$R^2 = 0.965, RMSE = 1.638$
	96%	$\rho = \rho_w \phi^{-1.348} s_w^{-1.656}$	$R^2 = 0.996, RMSE = 1.033$

进一步采用指数函数进行拟合,低液限黏土及其改良土的体积含水率与电阻率关系拟合结果如图 3-23 所示。总体而言,这 3 种土的指数函数拟合结果与 Archie 公式拟合结果比相对较差,其拟合系数变化范围为 0.85 ~ 0.99。但与 Archie 公式拟合结果类似,指数函数拟合结果中压实度对拟合关系的影响在低含水率(低于 10%)和高含水率(高于 30%)区段更为显著,而当含水率在 20% 左右时压实度对拟合关系式的影响最小。

随压实度增加,低液限黏土及其改良土的拟合电阻率指数和衰减常数呈现较为复杂的变化趋势(表 3-15),低液限黏土 +6% 石灰改良土电阻率指数和衰减常数随压实度增加而增加,但低液限黏土 +40% 中粗砂改良土的相关参数却表现为先增后减。

a)低液限黏土(武汉)

b)生石灰改良土

c)中粗砂改良土

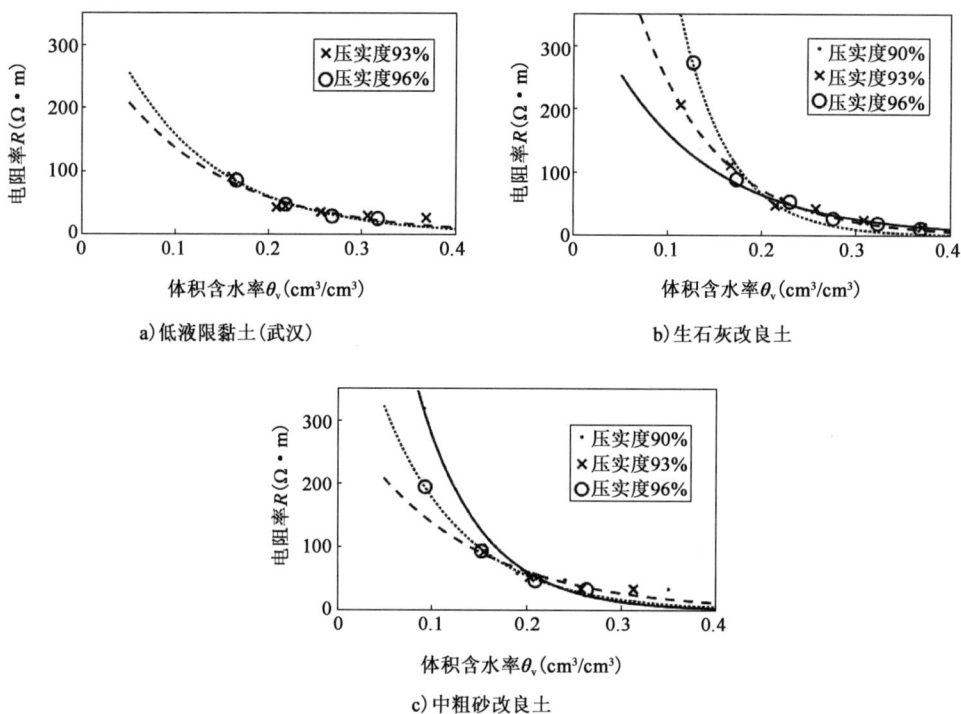

图3-23　黏质土及其改良土填料含水率与电阻率指数函数公式拟合结果

3种土质指数函数拟合公式及其拟合质量　　　　　　　表3-15

类型	压实度	拟合公式	拟合质量
低液限黏土	90%	—	—
	93%	$\rho = 316.2\,e^{-8.32\theta}$	$R^2 = 0.845, RMSE = 10.46$
	96%	$\rho = 412.6\,e^{-9.557\theta}$	$R^2 = 0.979, RMSE = 4.987$
低液限黏土 +6% 石灰	90%	$\rho = 401\,e^{-9.091\theta}$	$R^2 = 0.986, RMSE = 3.882$
	93%	$\rho = 808.4\,e^{-12.03\theta}$	$R^2 = 0.990, RMSE = 8.154$
	96%	$\rho = 3014\,e^{-19.07\theta}$	$R^2 = 0.977, RMSE = 17.07$
低液限黏土 + 40% 中粗砂改良土	90%	$\rho = 1275\,e^{-15.2\theta}$	$R^2 = 0.967, RMSE = 20.28$
	93%	$\rho = 315.6\,e^{-8.207\theta}$	$R^2 = 0.924, RMSE = 9.287$
	96%	$\rho = 584.7\,e^{-11.82\theta}$	$R^2 = 0.996, RMSE = 5.647$

　　对于黏质土及改良土,对数模型也可以拟合土体电阻率和含水率之间的关系(图3-24),拟合相关系数在0.80~0.99之间。虽然拟合度看起来很好,与指数模型相似,但对数模型在土体高含水率范围内有明显误差。当土体含水率接近或高于0.3时,部分拟合曲线得到了负的土体电阻率。随着压实度的增大,拟合参数的变化也呈现出不一样的趋势(表3-16)。

a)低液限黏土(武汉)

b)生石灰改良土

c)中粗砂改良土

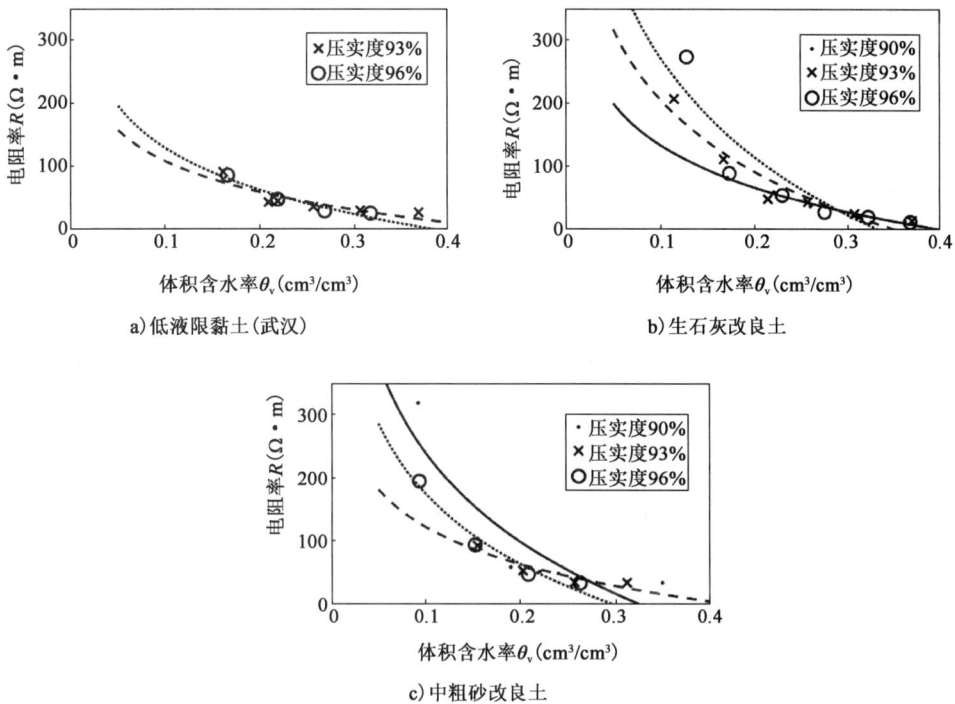

图 3-24　黏质土及其改良土填料含水率与电阻率对数函数公式拟合结果

3 种土质对数函数拟合公式及其拟合质量　　　　表 3-16

类型	压实度	拟合公式	拟合质量
低液限黏土	90%	—	—
	93%	$\rho = -162.5\log_{10}\theta - 54.0$	$R^2 = 0.85$
	96%	$\rho = -221.2\log_{10}\theta - 91.7$	$R^2 = 0.98$
低液限黏土 + 6% 石灰	90%	$\rho = -221.3\log_{10}\theta - 88.1$	$R^2 = 0.99$
	93%	$\rho = -376\log_{10}\theta - 171.2$	$R^2 = 0.92$
	96%	$\rho = -519.2\log_{10}\theta - 248.2$	$R^2 = 0.82$
低液限黏土 + 40% 中粗砂改良土	90%	$\rho = -468.5\log_{10}\theta - 228.7$	$R^2 = 0.80$
	93%	$\rho = -196.0\log_{10}\theta - 74.1$	$R^2 = 0.88$
	96%	$\rho = -370.1\log_{10}\theta - 195.3$	$R^2 = 0.97$

3.4.3　盐渍土填料电阻率与含水率关系

盐渍土路基填料在压实度 80% 控制条件下不同含水率的电阻率测试结果见图 3-25。数据处理时与前面一般砂质土填料和改良土类似,按设计含水率将样品进行分组处理,将含水率左右波动较小的分为一组。可以看出,随着土样含盐量增加,相同或相近含水率样品的电阻率明显下降。

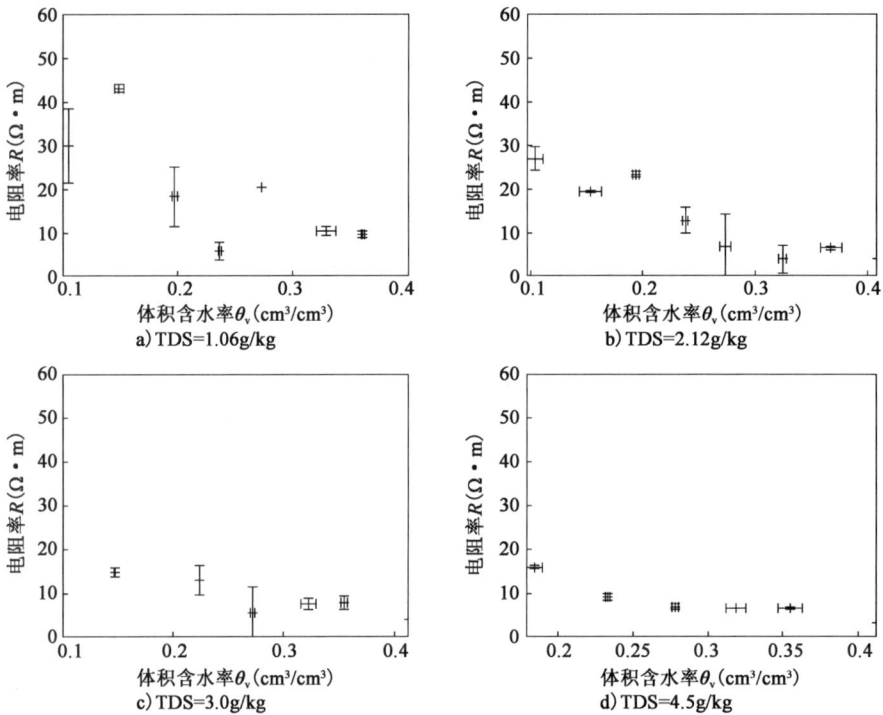

图 3-25　不同含盐量的盐渍土填料电阻率随体积含水率变化

对分组后样品的体积含水率和电阻率求平均值,并用 Archie 公式进行拟合,结果如图 3-26 所示。由于部分分组样品电阻率的测试结果较为分散,部分含盐量的样品 Archie 公式拟合度相对较差。如 TDS 为 1.06 和 2.12 的样品拟合系数分别为 0.514 和 0.799,TDS 为 3.0 和 4.5 的样品拟合度相对较好。

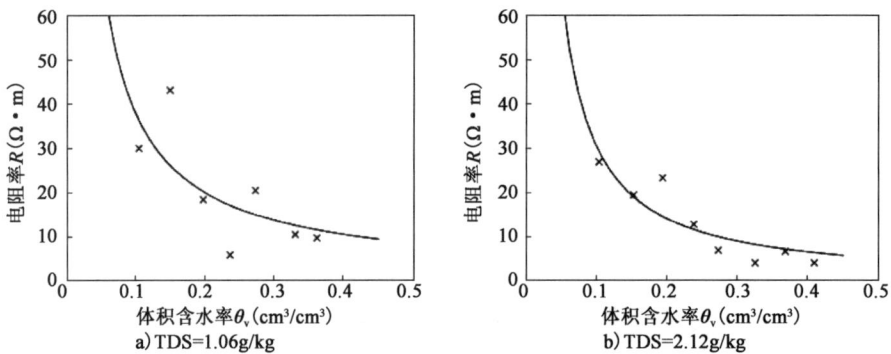

图　3-26

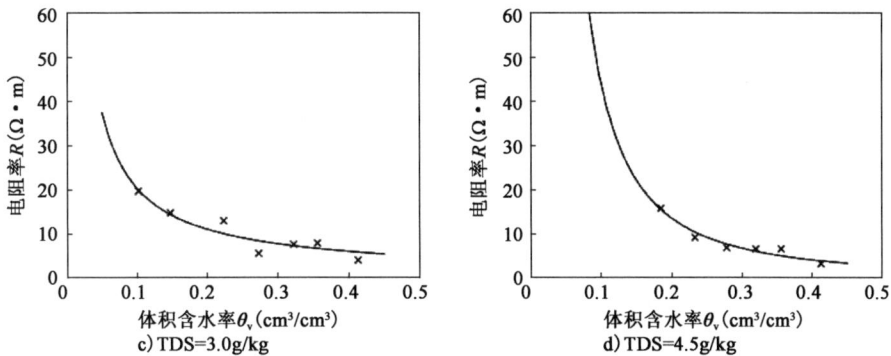

图 3-26　不同含盐量条件下盐渍土的电阻率和体积含水率 Archie 公式拟合结果

　　总体而言,不同含盐量的样品拟合得到的 Archie 公式系数存在差异,但从表 3-17 的数据可以看出,随着含盐量增加,得到的拟合参数变化过程较为复杂,未发现单调的升高或者下降的趋势。不同含盐量的盐渍土拟合得到的胶结度指数变化范围为 1.67 ~ 2.04,饱和度指数变化范围为 0.88 ~ 1.73。

样品电阻率-含水率的 Archie 公式拟合　　　　　　　　　　　　　　表 3-17

TDS(g/kg)	拟合公式	拟合质量
1.06	$\rho = \rho_w \phi^{-2.038} s_w^{-0.930}$	$R^2 = 0.514, RMSE = 5.881$
2.12	$\rho = \rho_w \phi^{-1.671} s_w^{-1.115}$	$R^2 = 0.799, RMSE = 3.074$
3.0	$\rho = \rho_w \phi^{-1.934} s_w^{-0.882}$	$R^2 = 0.880, RMSE = 2.011$
4.5	$\rho = \rho_w \phi^{-1.248} s_w^{-1.726}$	$R^2 = 0.939, RMSE = 0.934$

　　与 Archie 公式拟合结果相比,盐渍土样品测试数据的指数函数拟合结果相对拟合度更好(图 3-27),拟合系数在 0.572 ~ 0.909 范围内(表 3-18)。随着含盐量的升高,电阻率指数和衰减常数未呈现单调升高或降低,但数值变化范围较小。电阻率指数变化范围为30.77 ~ 64.51,衰减常数为 4.61 ~ 5.63。

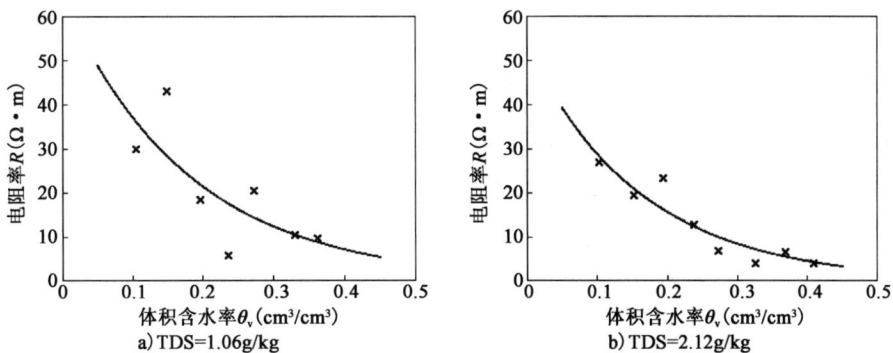

图　3-27

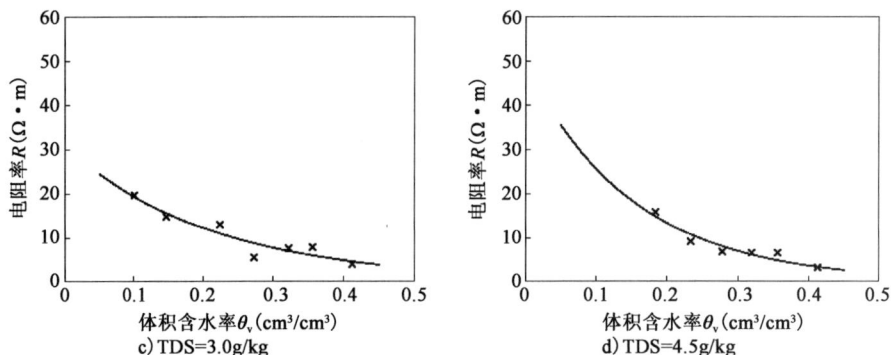

图 3-27 不同含盐量的盐渍土填料的电阻率和体积含水率指数函数公式拟合结果

样品电阻率-含水率的指数函数拟合   表 3-18

TDS(g/kg)	拟合公式	拟合质量
1.06	$\rho = 64.51\,e^{-5.51\theta}$	$R^2 = 0.572, RMSE = 9.409$
2.12	$\rho = 53.48\,e^{-6.165\theta}$	$R^2 = 0.869, RMSE = 3.578$
3.0	$\rho = 30.77\,e^{-4.609\theta}$	$R^2 = 0.900, RMSE = 1.96$
4.5	$\rho = 49.22\,e^{-6.525\theta}$	$R^2 = 0.909, RMSE = 1.444$

3.5 本章小结

介电常数/电阻率-含水率关系模型是公路路基湿度无损检测方法的重要基础,选择合适模型及参数对含水率预测准确性至关重要。本章针对路面芯样材料、一般砂质土路基填料、黏质土路基填料、改良土路基填料、盐渍土填料等典型路基路面材料,开展不用压实度、含水率状态下的介电常数与电阻率试验,分析典型路基填料的电磁特性变化规律,建立介电常数-含水率关系模型、电阻率-含水率关系模型。主要总结如下:

(1)通过对比常见路面芯样材料在烘干后和饱水后两种条件下介电常数发现,4 种材料在干燥条件下变化范围较小,为 2.24 ~ 4.25;而在饱和条件下变化范围显著增大,为 8.95 ~ 14.12。结果表明,当在路面较湿状态下(如雨后)使用探地雷达检测面层厚度,应考虑面层材料变化对电磁波速度校准的影响。

(2)压实填料的介电常数主要受含盐量、含水率、土质类型等影响,一般路基压实填料的介电常数主要取决于它的含水率,压实度为 90% ~ 96% 对填料的介电常数影响不显著,压实度对典型路基填料的介电常数-含水率关系模型影响不显著,但材料差异对校准模型的准确性影响较大。

（3）路基压实填料的含水率与介电常数之间呈单调递增函数关系,可采用多项式模型与 Alharathi 模型刻画,多项式模型精度更高、Alharathi 模型简单实用。一般路基填料推荐采用 Alharathi 模型,盐渍土宜采用多项式模型。总体而言,对于砂质土填料,模型预测体积含水率均方根误差（RMSE）在 3% 以内;而对于黏粒含量较高的改良土材料,其校准模型预测体积含水率误差略高于 3% 。

（4）一般黏质土、砂土、掺砂改良土填料的含水率-介电常数 Alharathi 模型参数较为接近,其中 $a = 0.10 \sim 0.14$、$b = -0.27 \sim -0.14$。砂土的 a 值比黏质土的大,掺砂改良土的参数介于黏质土和砂土之间。掺灰改良土不同压实度的拟合参数差别较大,实际应用中应考虑掺灰比及压实度对介电常数-含水率关系模型的影响。

（5）盐渍土在含水率较高情况下测得的介电常数偏差较大,造成校准模型的均方根误差 RMSE 大于 5% 。含盐量在 1.06g/kg 和 3.0g/kg 的模型拟合质量相对较好,且参数与前面两类路基填料类似;而其他两种含盐量的模型拟合质量相对偏低,均方根误差 RMSE 大于 5% 。因此,通常基于电磁波传播速度的 TDR 或 GPR 等方法不建议用于测试盐渍土介电常数。

（6）3 种砂质土填料不同压实度的 Archie 公式、指数函数、对数函数拟合均能得到较好的拟合结果,同一种土质的不同压实度的拟合曲线存在较明显的差别。但在高含水率范围内（$0.3 \sim 0.4 \text{cm}^3/\text{cm}^3$）,指数模型和对数模型出现土体电阻率为负值。因此,Archie 模型在土体含水率计算方面似乎更为合理。总体而言,90% 和 93% 压实度的拟合曲线较为接近,而 93% 与 96% 压实度之间的拟合曲线差别更为明显。在低含水率区段,不同压实度的拟合曲线差异较大,而在较高含水率区段,不同压实度拟合曲线较为接近。说明在高含水率路基基于电阻率方法进行含水率探测时,压实度的影响会相对较小。

（7）3 种砂质土填料的胶结指数与填料密实程度有关。试验中压实土拟合的胶结度指数比常规非压实土更高,但饱和度指数在 0.62 ~ 1.14 范围内,比非压实土显著偏低。说明对路基压实土来说,为提高基于电阻率测量含水率的精度,有必要进行参数校正。

（8）低液限黏土及其改良土的电阻率模型受压实度的影响相对较小。压实度对拟合公式的影响在低含水率（体积含水率低于 10%）和高含水率（体积含水率高于 30%）区段更为显著,而当体积含水率在 20% 左右时压实度对拟合关系式的影响最小。对黏土及其改良土而言,含水率计算时仍然可以采用 Archie 公式进行计算,其饱和度和胶结度指数选择范围与常规非压实砂土接近。

(9)对于盐碱土电阻率与含水率关系,Archie 公式拟合得到的胶结度指数变化范围为 1.67 ~ 2.04,饱和度指数变化范围为 0.88 ~ 1.73,与常规土体范围接近。拟合结果发现指数函数的拟合度相对更好,但存在难以较好确定相关参数的经验范围的问题。因此,如果能事先经过校正,可以采用指数函数关系进行计算;若无事先校正,由于 Archie 公式的相关参数已有较多的已知经验数据,在含水率测试时仍可以采用 Archie 公式。

CHAPTER 4

第 4 章

无损检测设备现场参数配置

公路路基被路面结构层覆盖,不同公路等级的路面结构形式、材料组成和厚度不一样,这些都会影响探地雷达、电阻率仪对路基层的探测信号质量及采集数据的精确性。已有研究表明,影响探地雷达采集电磁波信号数据质量的主要设备参数是天线频率,天线频率高,则采集信号精度高,但探测深度小;反之天线频率低,则采集信号精度低,但探测深度大。电容耦合电阻率仪的采集信号主要受电极距影响,电极距越大,则探测深度越大,采集数据精度越低。

本章在广泛调研多通道探地雷达(GPR)和电容耦合电阻率仪(CCR)测试方法与参数配置的基础上,在多条运营公路现场开展 GPR 试验和 CCR 试验,测试不同天线频率、电极间距等参数及不同测线布设方式工况下的 GPR、CCR 测试深度和分辨率效果,优选 GPR、CCR 测试路基路面结构和含水率的最佳参数配置。

4.1 GPR 关键参数配置研究

4.1.1 仪器设备

本章采用 GPR 仪器,该仪器通过拖拽式装置实现连续的数据采集。测量系统由多通道控制器、2 个可一发多收式高频雷达天线、数据实时显示器等组成(图 4-1)。单个天线间距固定,但可以通过调节两个天线间的距离,形成三个不同的入射角,可实现 mini-CMP 式的数据采集。操作过程需要 2 ~ 3 人协作完成。仪器经过一定的改装后,可放置到拖车后采集数据。

试验中根据公路结构特征,选择合适天线频率。当探测对象是面层时,天线中心频率可选择 1 ~ 2GHz,而当探测对象是路基时,可选择中心频率在 400 ~ 900MHz 范围内的天线。在试验中为了确保较高的分辨率,采集时窗通常设置在 50ns 左右,采集样点数为 1024。数据采集距离间隔由测距轮转动触发进行,采集最小间距 2.5cm。

图 4-1 GPR 仪器

4.1.2 不同公路结构的 GPR 频率选择分析

本章分别对河南封丘某省道公路、广西柳州某高速公路、广东广州某高速公路、甘肃武威某县道沙漠公路进行现场验证试验。场地的选择主要考虑不同气候条件、不同公路等级路基湿度分布差异等因素。现以其中两个具有代表性的试验进行介绍。

1)河南封丘某省道公路

该地区气候属暖温带半湿润区,年平均气温 13.9℃,年降水量 615mm,平均海拔 68.75m。测试路段为双向四车道的一级公路,并于 2018 年将两侧路肩进行了拓宽。其中面层为约 20cm 的沥青混凝土路面,基层为约 40cm 的水泥稳定及级配碎石层,路床部分为厚度 30cm 填缝碎石。

试验中分别用 400MHz 和 900MHz 雷达天线对公路两侧路肩和公路纵断面进行了勘测(图 4-2)。对采集的雷达数据进行分析处理后,可以发现多个清晰反射层位,结合测线布置方向,可初步判断出该公路扩建新路肩结构。图 4-3 是沿路肩纵向的测线雷达图。900MHz 天线采集雷达图中最为显著的反射信号(传播时间在 14ns)应源于路面层与路基的分界面,其上两个反射信号(7ns 和 10ns)应源于路面内部结构层界面。此外,由于400MHz 天线穿透深度较 900MHz 天线深,采集雷达图中除了基层底面的反射信号,还可以看到 26ns 左右的反射信号,其应源于路床底面。

图 4-4 是公路横断面的测线雷达图。该图清晰反映了公路改扩建后的公路结构,其中两侧新增路肩部分明显与老路不一致。同时垂向 3 个虚线方向的信号表明有明显的衔接缝存在。

图 4-2　GPR 试验

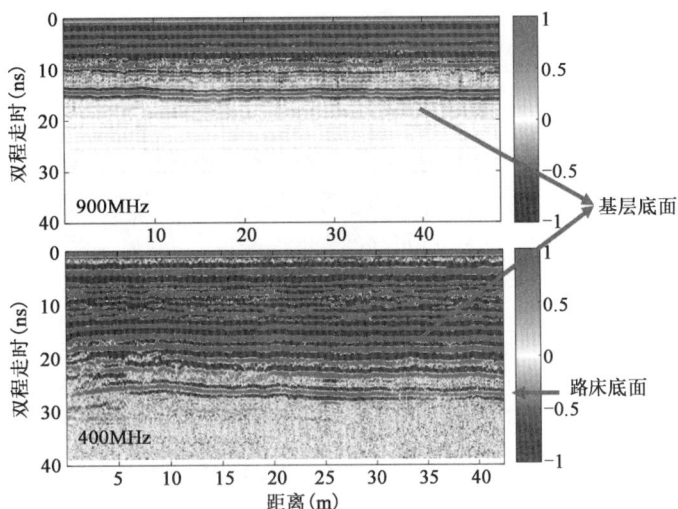

图 4-3　公路路肩纵断面雷达图

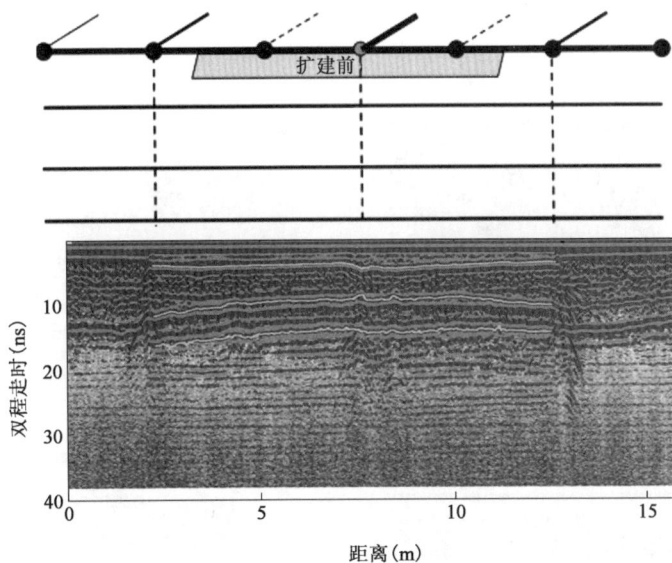

图 4-4　公路横断面雷达图

2）甘肃武威某县道沙漠公路

该地区属大陆性气候的温带干旱区,年均气温 8℃,年降水量 185mm 左右,平均海拔 1850m。测试公路是一条穿越腾格里沙漠的县级公路,该公路早期为简易砂石路,2015 年改建为双向四车道公路,采用水泥混凝土路面(图 4-5)。测试路段位于腾格里沙漠南缘,其中路面为水泥混凝土,面层厚度为 25cm,基层为 15cm 的水泥稳定碎石层,路床部分为厚度 30cm 填缝碎石。

图 4-5　甘肃武威某县道沙漠公路

利用400MHz天线对公路纵断面和横断面分别进行了勘测。经初步信号处理后可清晰看到公路结构。图4-6显示横断面上垫层底部反射信号由左到右逐渐变小。理论上公路设计中垫层厚度应是均一的,而此处的变化应该与路基水分分布有关,其原因是通常阴面水分易富集。

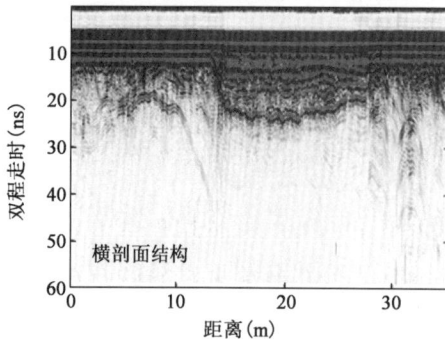

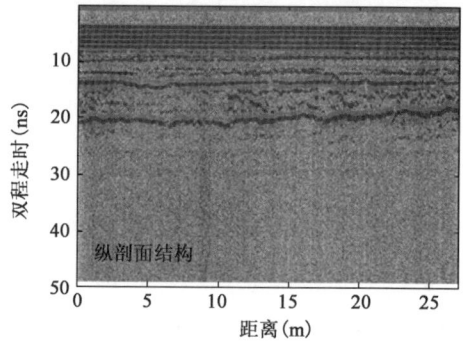

图 4-6　公路横向和纵向结构雷达识别

通过多个场地的实地验证可以发现,GPR 识别公路结构基于参数配置选择,尤其是天线频率。通常情况下,对于普通公路路面厚度较薄(如小于 30cm)则需要高频天线如 900MHz,而对于路面厚度较厚的高速公路则可以选择 400MHz 左右天线,提高雷达信号的穿透深度。同时,根据探测的目标深度,设置合适的时窗范围,因为过大范围不利于识别浅层结构信息。

4.2　CCR 关键参数配置研究

4.2.1　仪器设备

本书中采用 CCR 测量仪器,该仪器通过拖拽式偶极-偶极装置实现连续的数据采集,测量系统由发射电极、接收电极、控制器和显示平板组成,发射电极和接收电极由可调节长度的绝缘绳连接,通过调节绝缘绳长度,可实现由浅到深不同深度的数据采集(图 4-7)。

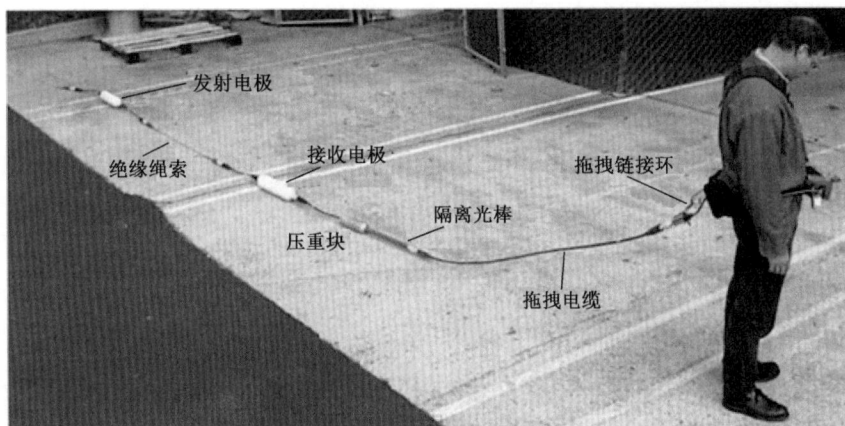

图 4-7　CCR 成像仪

数据采集通过时间触发方式进行,时间间隔可短至 0.5s,可实现快速、高密度的数据采集。发射电极和接收电极的偶极矩可设置为 5m 和 10m,发射电极激发的交流电频率为 1.6kHz。通过供电电流、接收电极测量的电势差,以及与偶极长度、接收电极和发射电极间距相关的装置系数,即可计算出视电阻率值。

仪器工作装置与常规电阻率法的偶极-偶极装置类似,发射偶极与接收偶极轴向排列,沿测线移动,逐点测量,记录点设在排列的中点。设供电电流为 I,测量的电位为 V,与常规电阻率法类似,由公式 $\rho_s = KV/I$ 可得到视电阻率。式中 K 为装置系数:

$$K = \frac{l\pi}{\ln\left\{\left[\dfrac{b^2}{b^2\text{-}1}\right]^{2b}\left[\dfrac{b^2+2b}{(b+1)^2}\right]^{b+2}\left[\dfrac{b^2-2b}{(b-1)^2}\right]^{b-2}\right\}}$$

(4-1)

式中,$b = 2r/l$,l 为发射及接收偶极子的长度,r 为偶极中心距(图4-8)。

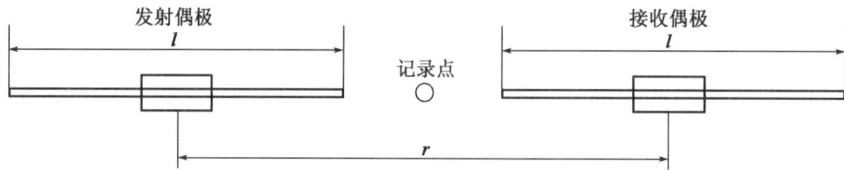

图4-8 工作装置示意图

实际数据采集中采用了 1 个发射电极,4 个接收电极同时进行数据采集的方式,一次测量得到 4 个不同深度的视电阻率值。

该方法通过电容向地下供电,同时又利用电容来测量地表耦合电位,通过观测地表耦合电位的分布来研究地下电性结构。由于该方法无需接地,扫描速度快,测量结果类似于高密度电法,具有信息量丰富的特点。在道路隐患检测中,由于路面电极接地困难,并且通常公路交通繁忙,且要求道路检测不影响正常的车辆通行,在此条件下 CCR 法具有独特的优势。如图4-9 为在广州某高速公路采用 CCR,在道路路肩进行数据采集,不影响公路车辆通行。采集测线长度大于 200m,一次数据采集时间仅需 5min。

图4-9 广州某高速公路电阻率数据采集

除采用人工拖拽方式数据采集外,还可以进行车拽方式进行数据采集(图4-10),将仪器主机及显示设备放于车内,将发射偶极、接收偶极连接于车后。可进一步将数据采集效率提高至每小时 5 ~ 10km,适合于大范围的公路路基监测。

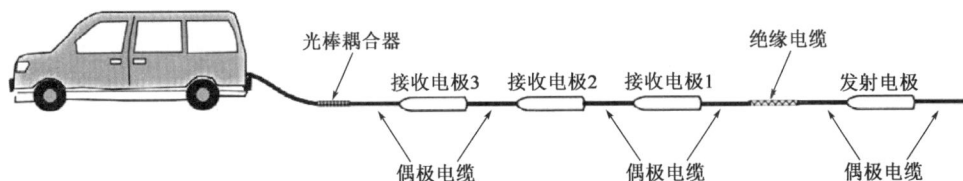

图 4-10　车拽式数据采集方式

4.2.2　环境干扰对 CCR 信号采集影响案例分析

（1）环境电磁波干扰——广州某高速公路近郊对比甘肃某沙漠公路测试结果。

正常情况下电容耦合式电阻率仪不属于电磁探测仪器,CCR 只测量介质空间的电阻率。但电容耦合式电阻率仪工作时,也存在电磁现象。当 CCR 发射和接收间距在趋肤深度范围内时,磁场可以忽略,因此一般情况下 CCR 可忽略磁场对采集数据的影响。当沿测线方向存在线性导电体,如铁轨、金属气管、接地金属围栏、钢筋或其他导电体时,CCR 采集数据受电磁效益的影响较大。图 4-11 为广州某高速公路近郊采集的 CCR 原始数据,可以看出,受线性导电体影响,不同深度的数据均受到较为强烈的干扰,测量的电阻率呈现为无规律的随机波动,波动范围差别达 1~2 个数量级,导致反演结果难以收敛,反演电阻率剖面与实际情况差异巨大。

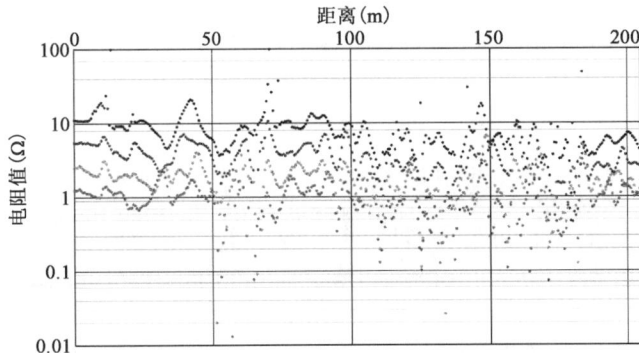

图 4-11　广州某高速公路近郊 CCR 测量原始数据

图 4-12 展示了本章所述的另外一个应用案例——甘肃武威某县道沙漠公路采集的 CCR 原始数据。该试验段位于环境电磁干扰较少的沙漠边缘,公路设计等级不高,两侧没有金属护栏。GPR 和 CCR 信号采集质量比较高。

（2）间距参数模拟及实测验证——广州某高速公路远郊测试结果。

为分析不同的 CCR 配置模式对公路路基含水率探测的适用性,选择了不同的偶极长度、不同接收、不同发射偶极间距进行试验。图 4-13 和图 4-14 为广州某高速公路不同发射-接收间距的探测结果,图中偶极长度均为 5m。可以看出,1.25m 接收-发射间距探测深度约2.3m,能较为清晰地分辨出高电阻的路基上部结构、低电阻的路基下部结构,以及其电阻率的空间变化特征。5m 接收-发射间距探测深度较大,约3.2m,与1.25m 的相比较,其在较深处的电阻率空间分布特征与1.25m 的类似,一致性较好,但对浅部路面层的识别精度相对较差。因此,根据该路段路基结构,采用1.25m 发射-接收间距能对目标层进行较好识别。

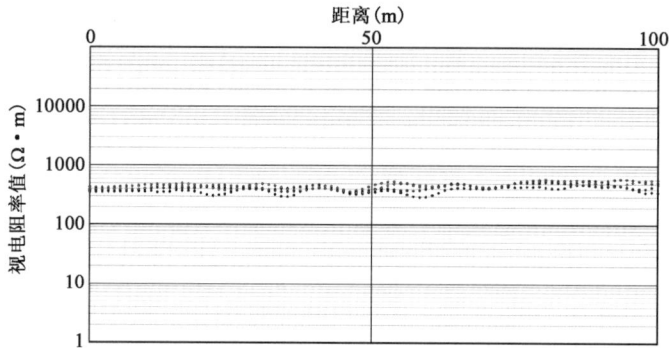

图4-12 甘肃武威某县道沙漠公路 CCR 测量原始数据

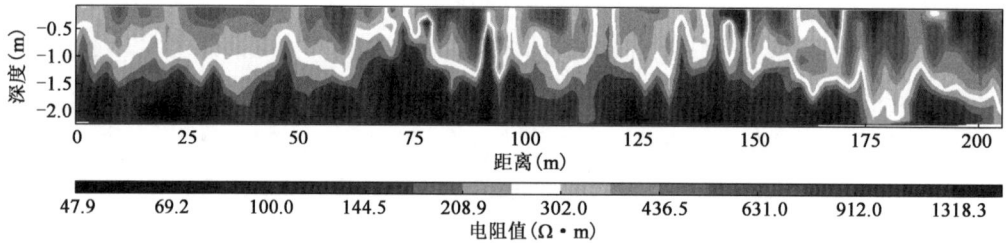

图4-13 接收-发射间距1.25m 反演结果

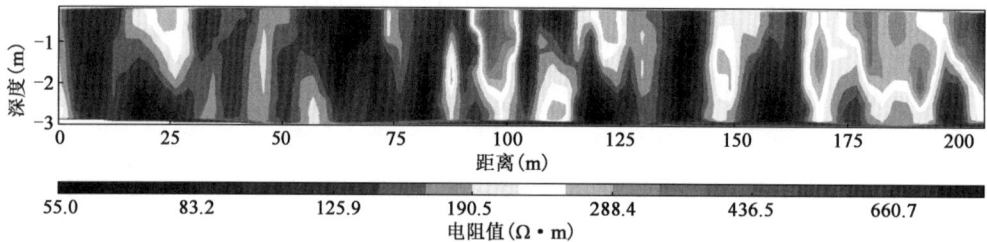

图4-14 接收-发射间距5m 反演结果

4.2.3 地形效应对 CCR 反演结果影响分析

与路堤走向平行的测线可能不会干扰交通,适用于大规模的调查。然而,在高路堤上的这种测线布置会违背二维假设。在复杂地形条件下,二维测量会受到旁侧效应的干扰,可能产生"虚假异常"。数值模拟结果表明,如果忽略地形,视电阻率可能比实际值高出或低出3~4倍(Günther et al.,2006)。同样,对于沿坝顶的电阻率测量采用二维假设,可能会导致视电阻率偏差达到3~7倍(Sjödahl et al.,2006)。忽略土堆地形的视电阻率反演是不稳定的,会产生不真实的电阻率值。如果使用包含真实地形的数值模拟几何因子来应对地形的影响,反演过程可能会变得稳定。但是在参数化过程中,地形因素可能会引起局部假象(Günther et al.,2006)。

高路堤的地形效应采用 Rücker 等人所描述的方法进行评估(Rücker et al.,2006)。视电阻率 ρ_a 通过几何因子 k、注入电流 I 和测量电势 $\Delta\phi$ 计算得出:

$$\rho_a = k\frac{\Delta\phi}{I} \tag{4-2}$$

首先,使用半空间近似计算视电阻率,忽略高路堤的影响。在这种情况下,偶极-偶极排列的几何因子 k_a 具有解析公式:

$$k_a = \pi n(n+1)(n+2)a \tag{4-3}$$

式中,a 是电极间距;n 是偶极子间隔因子。

由于高路堤的存在,k_a 并不是真实的地形几何因子,真实的几何因子 k 需要通过建立考虑旁侧地形变化的三维模型,采用数值计算方法得到。采用数值计算得到真实几何因子后,按照 Rücker 等人的方法,地形效应通过忽略地形的半空间假设情况下得到的几何因子与考虑地形得到的真实几何因子比值进行衡量,即通过 $t=k_a/k$ 计算得到。为了探索地形导致的视电阻率对反演结果的影响,使用相同的参数选项对半空间视电阻率和实际地形几何因子的视电阻率进行反演。

通过建立正演模型,路堤的高度为 3m,道路宽度为 13m,路堤的长度为 100m (图 4-15)。数据采集设计的范围是沿着道路走向中间 50m 的区域。为了评估与坡折带不同距离的测线之间地形效应的差异,安排了两条测线。一条位于距离坡折带 0.5m 的路肩上,另一条位于路面中心线上。

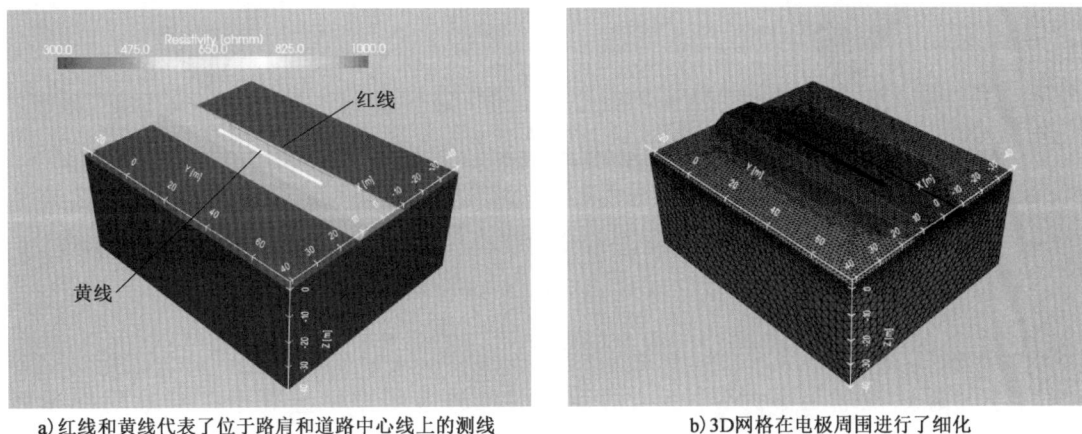

a)红线和黄线代表了位于路肩和道路中心线上的测线　　　b)3D网格在电极周围进行了细化

图 4-15　合成的电阻率模型和用于正演建模的网格图

使用半空间几何因子和实际地形获得的视电阻率如图4-16所示。两个视电阻率剖面具有相似的空间分布特征。总体而言,半空间几何因子导致平均视电阻率较高,半空间近似使在地表附近的视电阻率几乎没有差异。但在 $0.5 \sim 4m$ 深度的视电阻率伪剖面中,出现了显著的差异,最大差异达到了 21% (图4-16b)。例如,在浅层地面,使用真实地形计算得到的视电阻率约为 $500\Omega \cdot m$,与正演模型中路堤的电阻率相等,而使用半空间几何因子计算得到的视电阻率则接近 $600\Omega \cdot m$。视电阻率伪剖面中的差异表明了沿着路肩剖面的显著地形效应。

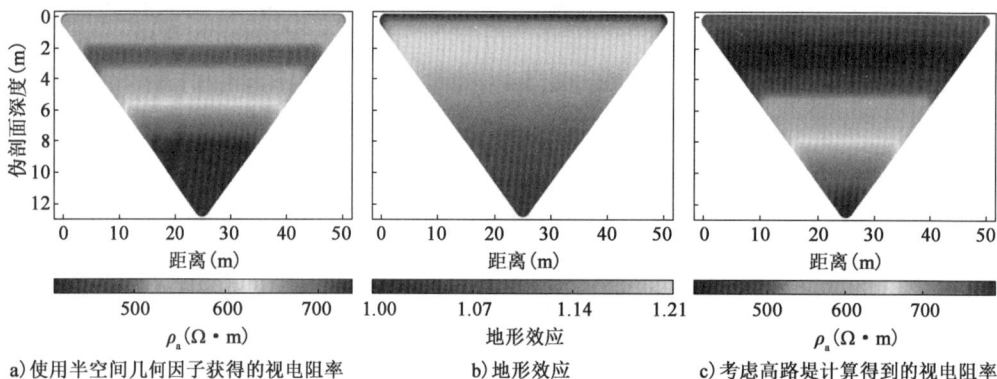

a) 使用半空间几何因子获得的视电阻率   b) 地形效应   c) 考虑高路堤计算得到的视电阻率

图 4-16 沿着路肩剖面的视电阻率和地形效应

沿着中心线剖面,两个视电阻率剖面更接近(图4-17)。半空间几何因子所得的电阻率略高于由实际地形几何因子所得的电阻率。电阻率差异随深度增加而先增大后减小,视电阻率伪剖面在约8m深度处,最大差异超过了 10% 。

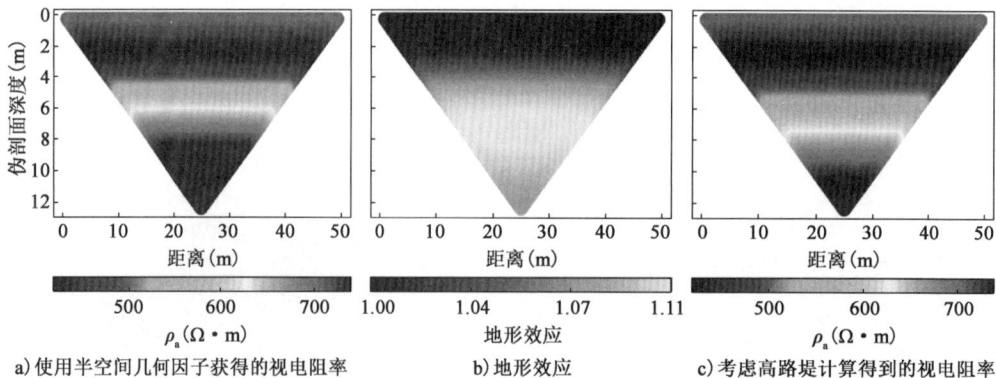

a) 使用半空间几何因子获得的视电阻率   b) 地形效应   c) 考虑高路堤计算得到的视电阻率

图 4-17 沿着中心线剖面的视电阻率和地形效应

使用相同的参数选项对半空间视电阻率和实际地形几何因子的视电阻率进行反演。对于半空间近似视电阻率,路堤土和活动层的反演电阻率明显高于正演电阻率模型(图4-18),实际地形的视电阻率反演结果则与正演模型中的电阻率相当。在这两个反演电阻率模型中,多年冻土层的电阻率均高于真实值,这是因为随着深度的增加,探测的精度降低,且收集到的视电阻率对反演模型较深部分约束较小所致(Oldenburg and Li, 1999)。

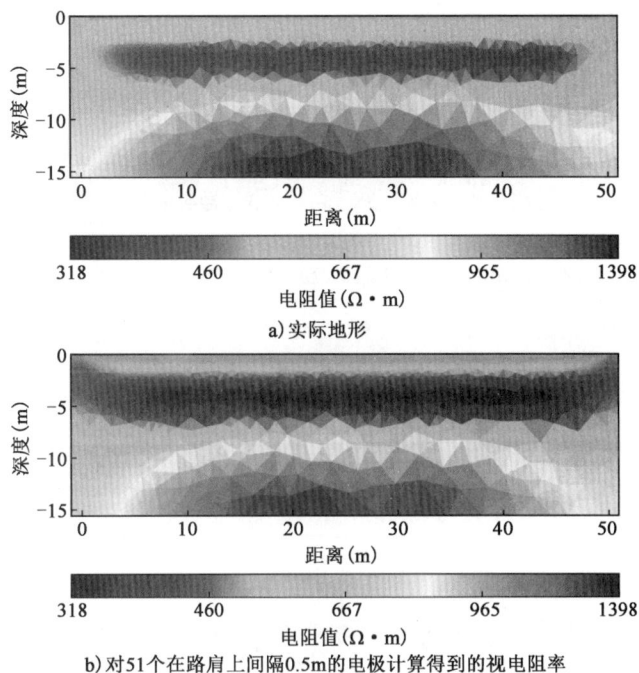

a)实际地形

b)对51个在路肩上间隔0.5m的电极计算得到的视电阻率

图4-18 使用半空间近似计算的视电阻率反演结果

对在青藏高原北麓河盆地高路堤路面采集的 CCR 数据,首先对原始视电阻率数据进行去噪和低通滤波,得到视电阻率值。根据路堤和周围地形的情况建立一个三维模型。根据三维建模得出的地形效应比,对视电阻率进行了校正,如图4-19 所示。修正后的视电阻率与原始伪剖面的电阻率分布整体上相似,其中,浅层视电阻率的降低比深层更为明显。

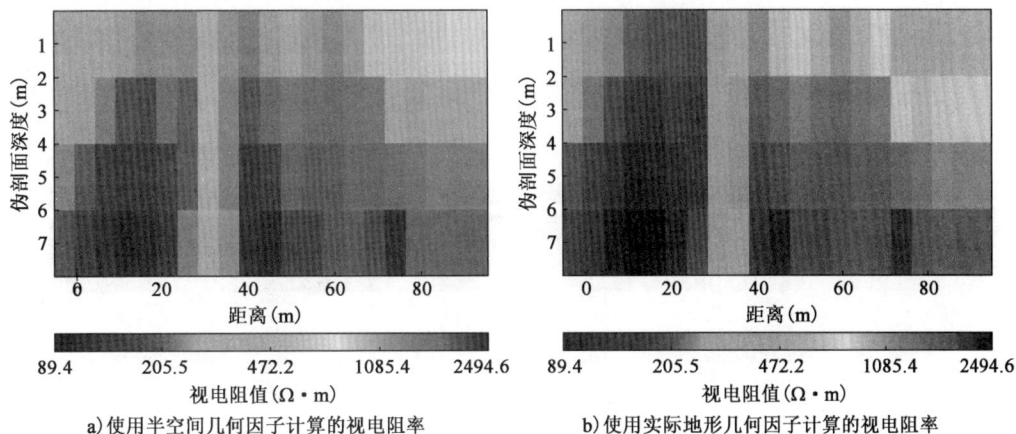

a)使用半空间几何因子计算的视电阻率

b)使用实际地形几何因子计算的视电阻率

图4-19 在青藏高原某高速公路路肩上收集的视电阻率剖面

4.2.4　路面层约束条件对 CCR 反演结果影响分析

为研究路面层约束条件对 CCR 反演结果的影响,建立数值正反演模型进行研究。该模型如图 4-20 所示,模型主要显示与公路路面结构类似的浅层高阻、深部低阻的地电结构特征。其中高阻层表示路面结构层,其厚度在 80~100cm 范围内变化,低阻层为路基填土层。

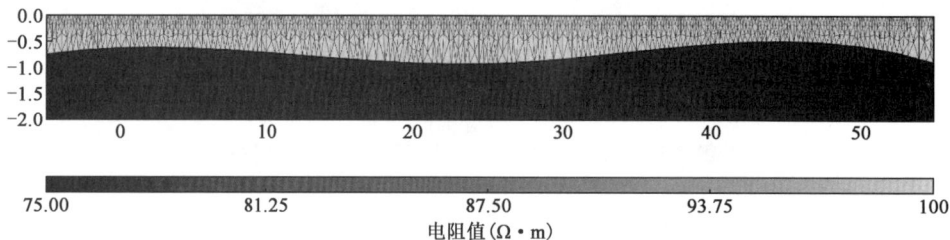

图 4-20　正演模型

在无约束条件下,视电阻率数据反演结果如图 4-21 所示,由于反演过程中的圆滑约束,使路面层和下部填土层之间的电阻率差异界面变得圆滑,虽然可以根据反演电阻率沿深度方向的变化梯度大致识别,能大致区分面层较厚和较薄处的位置,但识别精度低,且反演电阻率与实际正演模型电阻率相差相对较大。

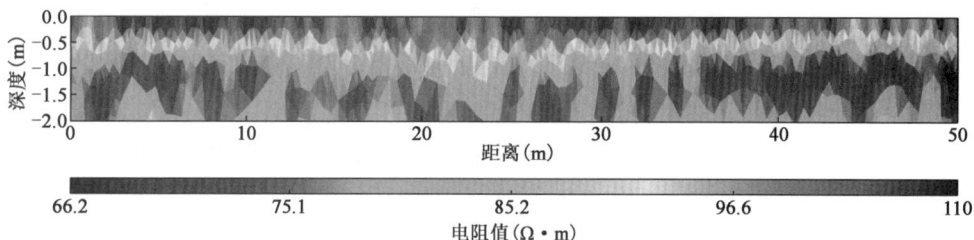

图 4-21　无约束反演结果

若在路面层厚度大致已知条件下(如根据设计厚度),将路面层设计厚度代入反演,得到结果如图 4-22 所示。总体而言,约束反演结果比无约束反演结果更接近正演模型,但由于约束模型在局部存在误差,如在横向距离约 25m 处,由于约束界面深度比真实值偏低,导致路面层和路基填土层的反演电阻率值偏高。

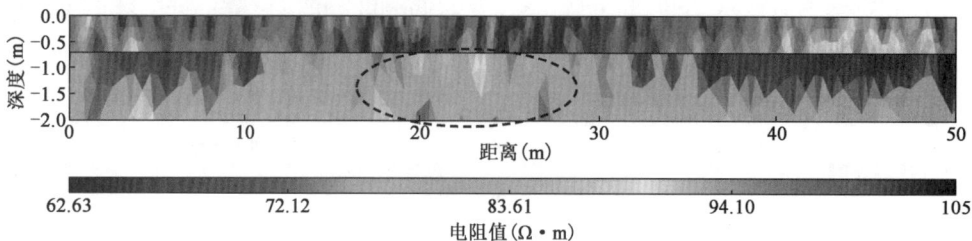

图 4-22　按固定深度约束反演结果

若在路面层与路床界面准确已知情况下,如根据 GPR 获取的反射界面探测深度对反演过程进行约束,反演结果如图 4-23 所示。对比二者可以看出,GPR 信息约束反演结果能清晰地反映出路面与路基的分界面,路面层的总体电阻率均表现为高阻特征,空间差异相对更小,与实际公路面层材料特征更为吻合。同时,对路基上部(路床)的反演结果也更为准确,能显著提高定量反演准确性。

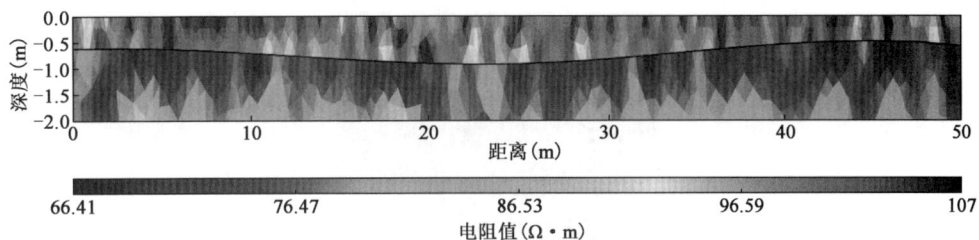

图 4-23　GPR 探测深度界面约束反演结果

4.3　GPR + CCR 联合测试参数配置优化

采用 GPR + CCR 对广西柳州某高速公路改扩建工程进行了联合测试,现场测试选择 K1200、K1202 和 K1206 三个测试路段,并在每个路段选择一处开槽测试验证。该测试路段位于山岭区(地貌特征见图 4-24),路面结构为水泥混凝土路面 + 沥青混凝土罩面("白加黑")。

图 4-24　高速公路检测段地貌特征

为检验现场试验参数设置的适宜性,本次测试的重点主要包含以下两个方面:①依据测试前收集的设计图纸、施工配合比等资料,选择 400MHz 和 900MHz 的雷达天线并进行现场调试;②针对发射/接收偶极长度、发射和接收偶极间的距离对电容耦合电导率仪探测深度和空间分辨率的重要影响,现场对参数进行调试。

针对 GPR 和 CCR 现场测试,相关结果如下。

(1)不同频率 GPR 识别公路浅层结构分析。

利用 900MHz 和 400MHz 天线对公路结构进行探测,并分别选择不同的天线间距及天线组合(图 4-25)。其中 400MHz 多通道配置天线间距设为 0.81m、1.61m、2.0m。900MHz + 400MHz 多通道配置天线间距为 1.21m 和 2.01m。

图 4-25　现场试验雷达天线配置

综合现场踏勘和路面养护检测资料表明,经过 2011 年"白加黑"改造及 2015 年沥青路面专项维修处治后,现有路面结构主要包含两类:山岭区沥青路面和平原区"白加黑"路面(表 4-1)。

测试公路现有路面结构

表 4-1

路面结构形式	山岭区沥青路面	平原区"白加黑"
面层	5cm GAC-16C 4cm AC-13C 5cm AC-16C 6cm AC-20C	3cm AC-13(改性) 5cm 应力吸收层
基层	20cm 水泥稳定碎石	28cm 水泥混凝土板
底基层	30cm 水泥稳定碎石	20cm 水泥稳定碎石 20cm 水泥稳定碎石
总厚度	70cm	76cm

广西柳州某高速公路试验点多处于山岭区,公路结构复杂多变。其中路基多含碎石,分层较多。如图 4-26 雷达检测结果显示,除了在基层上部有常规面层结构面反射信号,其下部仍有多个反射层,推断为路基的上路床底面和下路床底面。

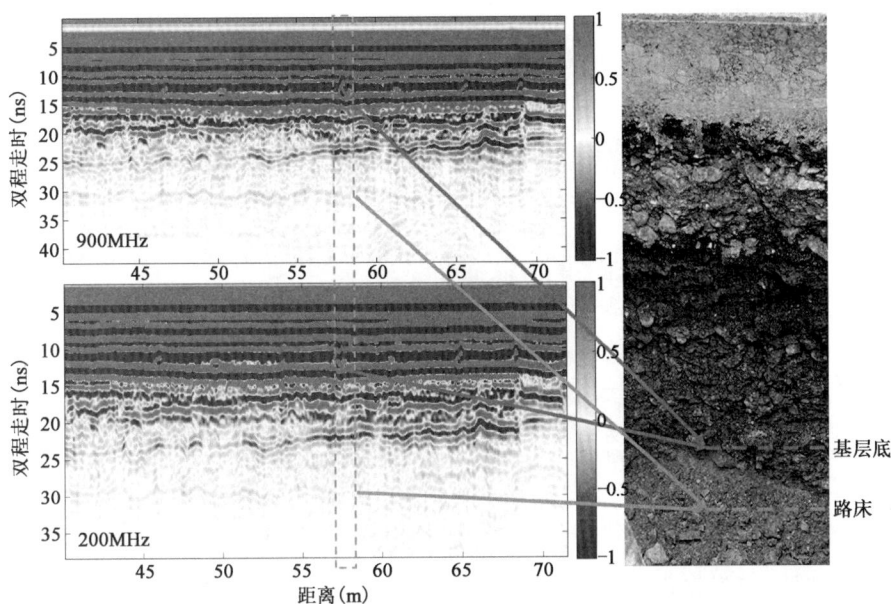

图4-26 公路结构雷达识别

除了垂直方向结构复杂之外,由于山岭起伏,路基结构沿路纵向变化较大。纵向变化雷达识别显示,路基顶面起伏较大,且内部有不连续多层反射(图4-27),其有可能是路基填土填料(材料)差异所造成的。

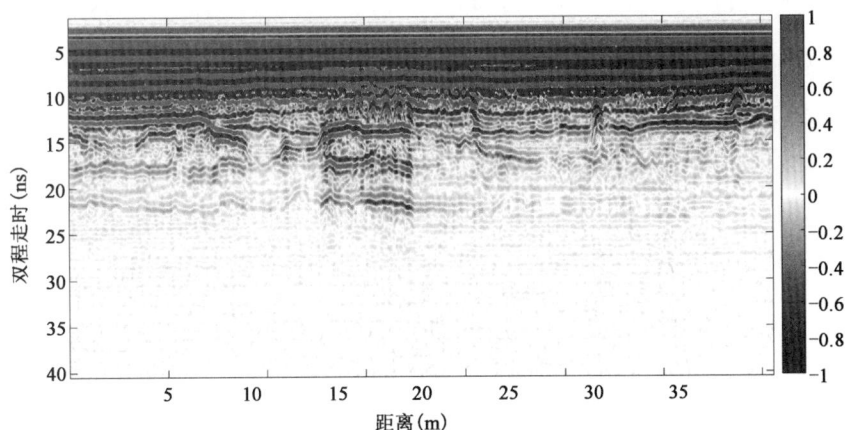

图4-27 公路结构纵向变化雷达识别

(2)CCR识别公路浅层结构参数对比分析。

利用CCR对公路进行探测,并选择发射/接收偶极长度为5.0m进行试验(图4-28)。其中对同一路段分别选用发射和接收偶极间的距离为0、2.5m和5.0m进行探测。

图 4-28　试验中电容耦合式电阻率配置

　　不同发射偶极与接收偶极距离(5.0m、2.5m 和 0)在同一路段的数据采集结果如图 4-29 所示。可以看出,当距离分别为 5.0m 和 2.5m 时,采集的视电阻率数据可重复性较好,视电阻率空间分布特征和数值均非常接近,数据信噪比较高。但当距离设置为 0 时,采集的数据离散度显著增大,而且与前两种情况得到的视电阻率差异非常大。说明该种情况得到的视电阻率值不是地质体的真实视电阻率值,而是由于接收天线和发射天线之间相互干扰导致的错误结果。

　　由上可见,接收偶极和发射偶极必须保持一定的距离才能减少相互之间的干扰。通过测试,该距离在 1.25～2.5m 及以上时都能得到信噪比较高的数据,但随着距离的增加,反应的视电阻率值深度逐渐增加,总体测量深度增加。而我们探测目标主要为浅层目标,为提高浅层分辨率并保证数据质量,后续数据采集中发射和接收偶极间距离均设置为 1.25～2.5m。

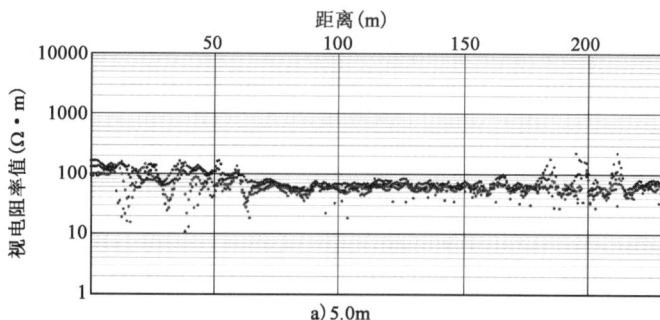

图　4-29

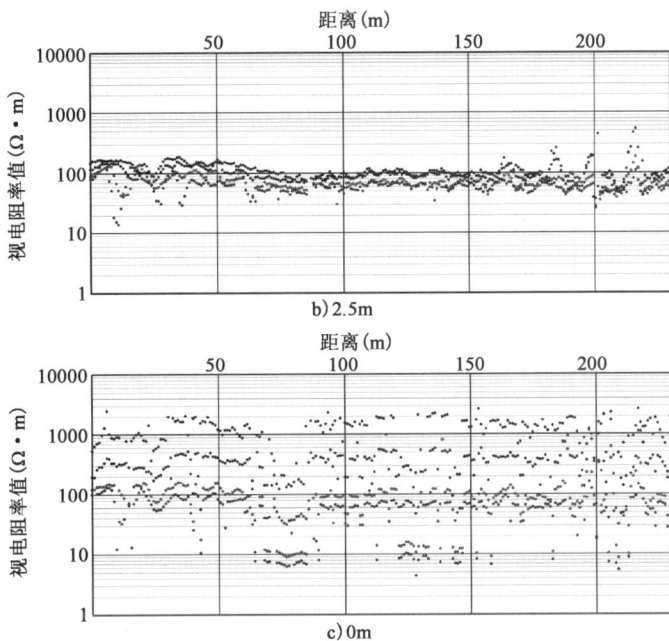

图 4-29　不同发射偶极与接收偶极距离数据采集结果

4.4　本章小结

本章针对路基湿度无损检测技术的检测设备和现场数据采集技术要点,通过大量现场 GPR 和 CCR 试验调试,优选出 GPR 和 CCR 关键参数配置,主要结论如下:

(1)GPR 应采用多通道探地雷达仪器,配备不少于 2 个一发多收式高频雷达天线,采集时窗通常设置在 50ns 左右,采集样点数为 1024。当探测对象是面层时,天线中心频率可选择用 1 ~ 2GHz,而当探测对象是路基时,可选择中心频率在 400 ~ 900MHz 范围内的天线。

(2)CCR 宜选用电容耦合式电阻率测量仪器,发射电极激发的交流电频率为 1.6kHz。发射和接收偶极间的距离(电极距)越小,采集的信号效果越好,但探测深度小。根据设备发射/接收偶极长度和公路结构探测深度要求,电极距宜取 1.25 ~ 5.0 m,测试深度为 2m(路床范围)。其中,最佳发射和接收偶极间距离的间距建议为 1.25 ~ 2.5m,测试深度为 3 ~ 4m 时(路床和路堤上部)选用 5m。

(3)在城市人口密集区,各种电磁干扰,以及电线、导体等会影响 CCR 采集视电阻率的精度,干扰强烈地区数据呈现杂乱无章的大范围波动,可能无法反演出有意义的结果。因此数据采集时需要尽量避免相关干扰,并观察可能引起视电阻率误差的各种因素,在数据处理和反演时排除干扰。

（4）二维测线的半空间近似方法在视电阻率方面存在较大误差。电阻率偏差部分主要出现在高路堤的深度范围内。尽管可以识别出层间界面，但对偏差视电阻率进行反演导致得到的电阻率值明显高于真实值。通过计算得到的实际地形几何因子，修正后的视电阻率的反演结果与真实值吻合良好。这些结果表明，如果采用二维近似，高路堤的地形对电阻率测量的影响应加以关注。视电阻率校正或三维数据采集和反演是反演电阻率定量解释的关键。

（5）GPR信息约束反演结果能清晰地反映出路面与路基的分界面，与实际公路面层材料特征更为吻合。同时，对路基上部（路床）的反演结果也更为准确，能显著提高定量反演准确性。

CHAPTER 5

第 5 章

无损检测数据处理算法

数据处理是路基湿度无损检测技术的重点,多通道探地雷达(GPR)采集到的是电磁波数据,电容耦合电阻率仪(CCR)采集的是电信号数据,如何从两类地球物理数据得到路基含水率,以及两类数据的耦合分析是数据处理的难点。本章在分析 GPR 电磁波数据的处理算法、CCR 电信号数据处理算法基础上,开发 GPR + CCR 数据耦合分析算法,并采用Python 将算法开发为数据处理程序软件。

5.1 GPR 数据处理算法

GPR 数据采集完之后,需进行数据处理分析,获取反射层厚度、含水率等参数。当雷达数据显示的最深反射层为路床顶面时,可计算路面层厚度及含水率,但不能分析路床含水率;而当雷达数据可显示的最深反射层为路床底面时,既可以计算路面层厚度及含水率,又可以分析路床的厚度及含水率。具体计算流程见图 5-1,其中关键步骤详细介绍如下。

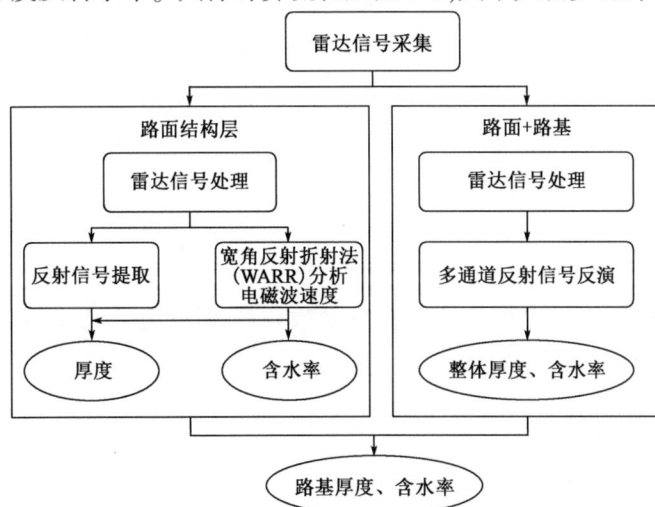

图 5-1　探地雷达探测公路结构层厚度和含水率流程

1）路面结构层厚度与含水率计算

得到采集的雷达信号后，主要通过 Dewow 降噪等初步处理后，挑选出路面层（p）和路床（b）对应的界面信号，得到天线每个测量点位处的每层信号的传播时间 t_p。选择在测线上的某点做宽角反射折射法（WARR）测试，然后利用 semblance 方法分析 WARR 信号，获得该点处的波速。由于公路路面结构层波速整体比较接近，将个别点上测定的该层波速近似为路面层的波速值 v_p。

由电磁波波速和介电常数的关系可知：

$$\varepsilon_p = \frac{c_0^2}{v_p^2} \tag{5-1}$$

式中，c_0 为真空电磁波波速；ε_p 为路面层介质的介电常数。

基于路面层的厚度 h_p 与波速 v_p 和信号传播时间 t_p 的关系可描述为：

$$h_p = \frac{\sqrt{t_p^2 v_p^2 - a^2}}{2} \tag{5-2}$$

式中，a 为天线收发间距。最后通过式（5-2）可得到每个测量位置 x 处路面层的厚度 h_p。

通过前面的计算，可以得到路面层对应的介电常数 ε_p。根据介电常数和含水率之间的校正关系模型（见第 3 章）可以计算出路面层体积含水率。在缺少校正模型的情形下，可采用 Baran 模型（Baran,1994）：

$$\theta = -6.216 + 2.383\varepsilon_p - 0.0598\varepsilon_p^2 + 0.0006\varepsilon_p^3 \tag{5-3}$$

2）路面 + 路床整体厚度和含水率计算

采用 GPR 信号来分析路面 + 路床整体厚度和含水率。考虑实际路床反射层是起伏不平的，假设测量点位处的反射界面与路面的夹角为 α，那信号在路床层的传播时间可表示为：

$$t(\varepsilon_{pb}, d_b, \alpha) = \frac{\sqrt{\varepsilon_b}}{c_0}\cos(\alpha)\sqrt{4d_b^2 + a^2} \tag{5-4}$$

式中，ε_{pb} 是路床层以上介质整体的介电常数；c_0 是真空中的光速；a 是使用通道的收发天线间距；d_b 是路床下界面深度（即面层和路床的厚度之和 h_{pb}）。

GPR 所采用天线组合包含有 K 个天线间距，那对应探测点位 x_n 上可获得观测时间值 $t_o(x_n, a_k)$ 共 N 个，以及对应的模型模拟值 $t(x_n, a_k)$，由此建立获得使观测值与模拟值参数差值最小的计算公式：

$$C(\varepsilon_{pb}, d_b, \alpha) = \sum_{(n,k)}^{(N,K)} \left[t_o(x_n, a_k) - t(x_n, a_k) \right]^2 \tag{5-5}$$

该最小化问题由高斯-牛顿迭代算法求解参数 ε_{pb}、d_b 和 α。

然后基于路面和路基材料介电常数与含水率关系模型,计算获得路面与路床的整体体积含水率 θ_{pb}:

$$\theta_{pb} = \frac{\sqrt{\varepsilon_{pb}} - (1-\phi)\sqrt{\varepsilon_s} - \phi\sqrt{\varepsilon_a}}{\sqrt{\varepsilon_w} - \sqrt{\varepsilon_a}} \tag{5-6}$$

式中,ε_{pb} 为分析得到的路面与路床整体介电常数;ε_s 为公路面和路床材料中固相物质的介电常数,通常取值为 5;ε_w 为路面和路床中水的介电常数,常温下通常取值为 81;ε_a 为空气的介电常数,通常取值为 1;ϕ 为路面和路床整体的平均孔隙度,一般取值 0.2 ~ 0.4。

3) 路床含水率计算

根据已计算出的公路面层和路基层整体厚度 h_{pb},可以得到路床层的厚度 h_b:

$$h_b = h_{pb} - h_p \tag{5-7}$$

然后基于水量平衡原理:

$$\theta_{pb} h_{pb} = h_b \theta_b + h_p \theta_p \tag{5-8}$$

可计算路床的含水率 θ_b。

4) 雷达信号常规处理

(1) 滤波降噪。由于公路路面比较平整,探地雷达接地良好,雷达采集的原始数据中仅需要去除高频背景噪声。基于此仅用 dewow 程序模块去除背景噪声即可,尽量保持原始数据,其去噪效果见图 5-2。除此之外,采用 runmean 函数平滑掉测线方向上个别异常数据点。

(2) 反射波挑选。根据公路设计资料以及雷达反射信号特征,判断出路面和路基顶面的反射波,利用 picking_reflection 程序模块自动挑选出反射波对应的峰值位置(图 5-3),并保存反射波的时间和横坐标数据。

(3) 反演前预处理。在进行数据反演之前还需要对数据做一定的预处理(图 5-4)。由多通道天线分布可知,每一组数据采集的位置并不在同一个位置。因此,需要根据每个通道起始点位置进行平移处理,然后将各个通道的雷达传播时间换算成绝对传播时间。

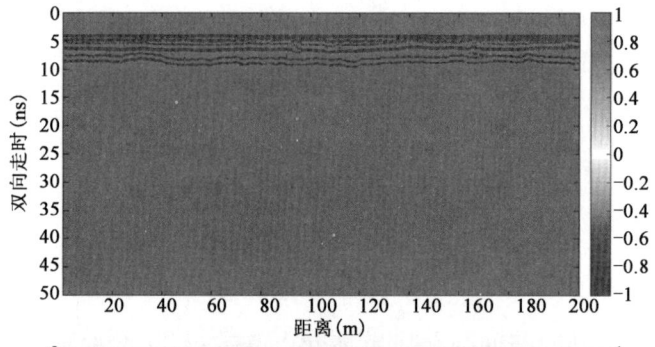

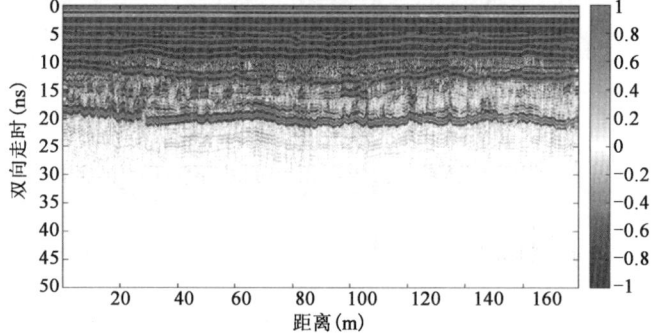

图 5-2 雷达数据滤波降噪效果

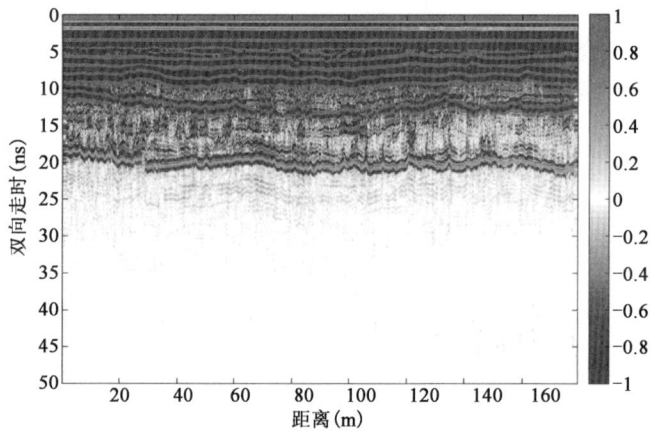

图 5-3 反射波自动挑选

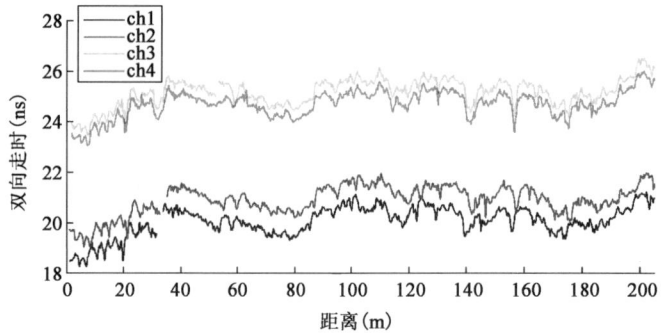

图 5-4

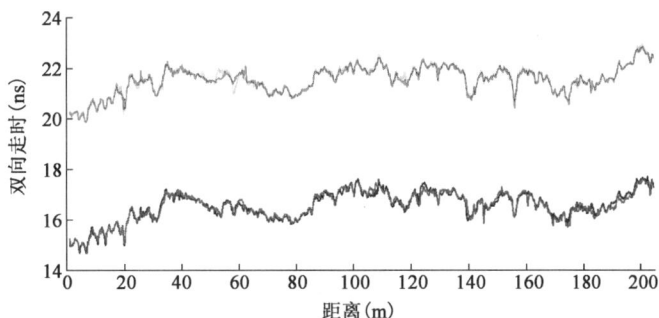

图 5-4　反演前数据预处理

（4）后处理。测线数据进行反演处理后，输出结果包括反射深度、体积含水率等。由于雷达波在挑选过程中存在一定的噪声，导致个别点上反演结果较差，故需要进行一定的平滑去噪处理，以匹配电法反演需要（图 5-5）。

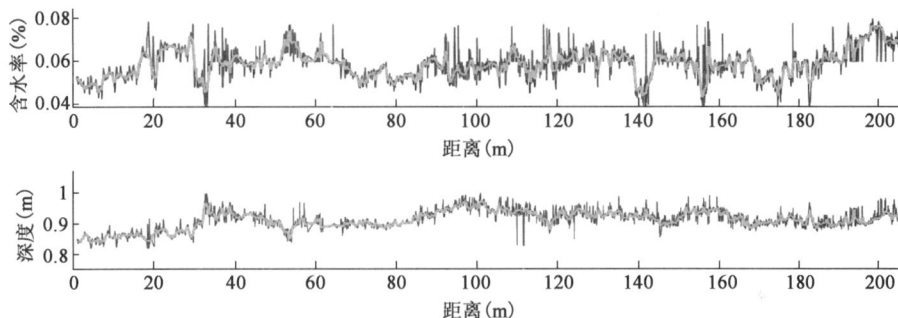

图 5-5　反演数据后处理

（5）程序实现。基于以上数据处理算法，采用 Python 语言以及 Anaconda 软件等工具开发了 GPR 数据处理的"基于 GPR 的公路结构层厚度和含水率分析软件"（图 5-6）。该软件用于处理 GPR 测量路面结构的数据，可实现路面结构中目标反射层信号的多种方式挑选和反射层含水率的计算，并能输出挑选信号数据供其他软件进一步分析。

图 5-6　GPR 数据处理软件界面

5.2 CCR 数据处理算法

CCR 法测定路基含水率流程如图 5-7 所示。

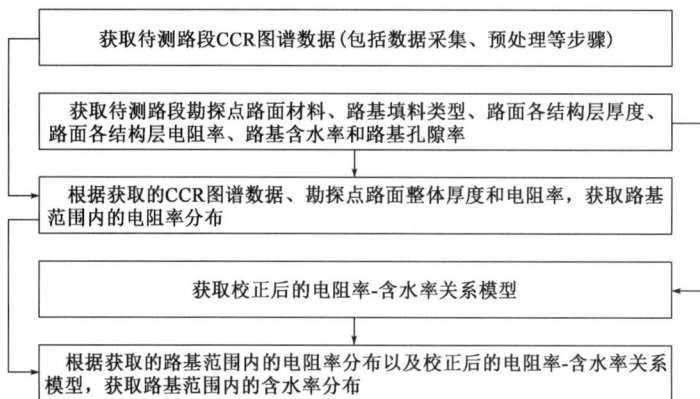

图 5-7　CCR 法测定路基含水率流程

在待测路段现场布设代表性勘探点包括钻孔或探槽,获取路面材料和路基填料类型、路面各结构层厚度、路面各结构层电阻率、路基含水率和孔隙率。以获取的路面整体厚度和电阻率为约束条件,将 CCR 观测数据、模型参数正演计算结果的最小二乘作为拟合项,与正则化项之和作为反演目标函数,采用高斯-牛顿迭代方法求解,获取路基范围内的电阻率分布。

1)数据预处理

由于现场数据采集时,公路通行车辆,路边金属隔离栏会使采集的数据中存在噪声。预处理主要删除原始数据中的局部异常,并对采集数据进行一定的平滑处理(图 5-8)。

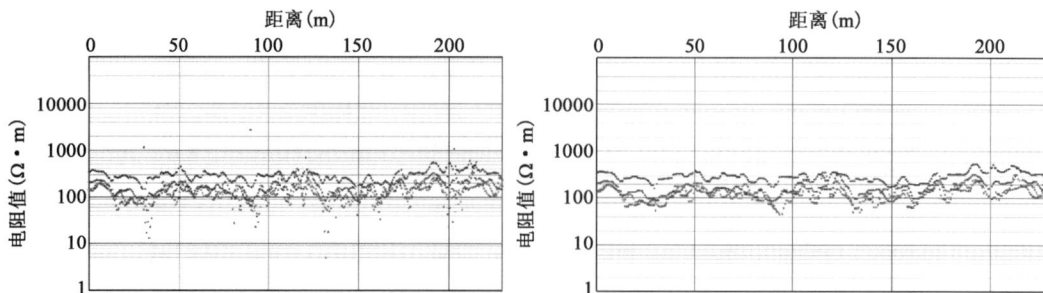

图 5-8　电法数据预处理

2)视电阻率数据反演

CCR 法视电阻率数据 ρ 可通过下式计算获得:

$$\rho = \frac{KV}{I} \tag{5-9}$$

$$K = \frac{l\pi}{\ln\left\{\left[\dfrac{b^2}{b^2-1}\right]^{2b}\left[\dfrac{b^2+2b}{(b+1)^2}\right]^{b+2}\left[\dfrac{b^2-2b}{(b-1)^2}\right]^{b-2}\right\}} \tag{5-10}$$

式中,I 为供电电流;V 为测量的电位;ρ 为视电阻率;K 为装置系数;$b = 2r/l$,l 为发射及接收偶极子的长度,r 为偶极中心距。

将获取的 CCR 观测数据和模型参数正演计算结果的最小二乘作为拟合项:

$$\Phi_\rho = \left[\rho - F(m)\right]^{\mathrm{T}} \boldsymbol{W}_\rho^{\mathrm{T}} \boldsymbol{W}_\rho \left[\rho - F(m)\right] \tag{5-11}$$

式中,ρ 为测量的视电阻率数据;$F(m)$ 为对电阻率模型 m 的正演模拟;$\boldsymbol{W}_\rho$ 为视电阻率数据权重矩阵。

根据式(5-12),获取正则化项:

$$\Phi_{\mathrm{m}} = \left\| \boldsymbol{C}(m - m_{(\mathrm{ref})}) \right\| \tag{5-12}$$

式中,$m_{(\mathrm{ref})}$ 为初始电阻率模型;$\boldsymbol{C}$ 为圆滑矩阵。

根据获取的最小二乘以及正则化项,获取反演目标函数 Φ:

$$\Phi = \Phi_\rho + \lambda\, \Phi_{\mathrm{m}} \tag{5-13}$$

式中,Φ_ρ 为观测数据拟合项;Φ_{m} 为正则化项;λ 为控制观测数据拟合项和正则化项的权重系数。

采用高斯-牛顿迭代方法求解反演目标函数,获取路基范围内的电阻率分布,反演过程是求使目标函数极小化时的参数值,每一步迭代的模型参数变化矩阵可通过以下方程求得:

$$
\begin{aligned}
(\boldsymbol{J}_k^{\mathrm{T}} \boldsymbol{W}_\rho^{\mathrm{T}} \boldsymbol{W}_\rho \boldsymbol{J}_k + \lambda \boldsymbol{C}^{\mathrm{T}} \boldsymbol{C}) \Delta m &= \boldsymbol{J}_k^{\mathrm{T}} \boldsymbol{W}_\rho^{\mathrm{T}} \boldsymbol{W}_\rho \left[\rho - F(m_k)\right] - \lambda \boldsymbol{C}^{\mathrm{T}} \boldsymbol{C}(m_k - m_{\mathrm{ref}}) m_{k+1} \\
&= m_k + \Delta m
\end{aligned} \tag{5-14}
$$

式中,$\boldsymbol{J}_k$ 为第 k 次迭代时的雅克比矩阵 $\boldsymbol{J}_{i,j}$,$\boldsymbol{J}_{i,j} = \dfrac{\partial \rho_i}{\partial m_j}$;$m_k$ 是第 k 次迭代的模型参数值;Δm 为第 k 次迭代的参数变化量。

$\boldsymbol{C}$ 通过下式计算获得:

$$\boldsymbol{C} = \operatorname{diag}(w_i^{\mathrm{s}})\, \boldsymbol{C}_1 \operatorname{diag}(w_j^{\mathrm{n}}) \tag{5-15}$$

式中,$\boldsymbol{C}_1$ 为差分矩阵;$\operatorname{diag}(w_j^{\mathrm{n}})$ 为模型中 n 个网格单元分别控制的对角权重矩阵;$\operatorname{diag}(w_i^{\mathrm{s}})$ 为模型中 s 个单独结构分别控制的对角权重矩阵;w_i^{s}、w_j^{n} 为角权重矩阵,$i = 1, \cdots, s$,$j = 1, \cdots, n$。

3)电阻率与含水率换算

当勘探点路基填料类型为粗颗粒土时,路基填料电阻率-含水率关系模型为:

$$\rho = \rho_w\, n_s^{-x} S_w^{-y} \tag{5-16}$$

式中,ρ 为路基填料电阻率;ρ_w 为路基土孔隙水电阻率;n_s 为土体孔隙度;S_w 为路基土孔隙水饱和度,$S_w = w_v/n_s$;x 为与土体胶结度有关的指数;y 为饱和度指数;对于粗颗粒路基填料,x 取值范围为 $1.0 \sim 5.0$,y 取值范围为 $1.5 \sim 2.5$。

当勘探点路基填料类型为细颗粒土时,路基填料电阻率-含水率关系模型为:

$$\rho = \frac{\rho_w}{c_c w_v^p} \tag{5-17}$$

式中,c_c 和 p 为土体颗粒大小有关的拟合参数,与填料中黏土体积百分比 θ_c 有关,$c_c = x_1 \theta_c^{y_1}$,$p = x_2 \theta_c^{y_2}$;当 $\theta_c \geqslant 5\%$ 时,$x_1 = 0.6$,$y_1 = 0.55$,$x_2 = 0.92$,$y_2 = 0.2$;当 $\theta_c < 5\%$ 时,$c_c = 1.45$,$p = 1.25$。

5.3 GPR + CCR 数据处理算法

主要包括以下步骤:获取待检道路现场的 GPR 和 CCR 数据;构建路面材料介电常数-含水率关系模型、路面材料电阻率-含水率关系模型和路基填料电阻率-含水率关系模型;根据 GPR 数据,获取路面层厚度和介电常数,根据获取的路面层厚度和介电常数以及路面材料介电常数-含水率关系模型,获取路面含水率;根据 CCR 数据、路面厚度和路面含水率以及路基填料电阻率-含水率关系模型,获取路基含水率空间分布。

GPR 与 CCR 成像联合反演和解译主要技术路线如图 5-9 所示,其中主要包括雷达数据的反演、雷达数据反演结果对电法反演过程的约束,反演过程约束包括结构约束和电阻率约束。

1)结构约束

预处理获取的 CCR 数据,以获取的路面层厚度为约束条件,将预处理后的 CCR 数据与模型参数正演计算结果的最小二乘,与使反演结果稳定的正则化项之和作为目标函数,采用高斯-牛顿迭代方法求解,获取路基范围内的电阻率空间分布。根据雷达获取的界面深度信息作为反演结果的已知信息进行反演。

2)电阻率约束

获取 CCR 观测数据和模型参数正演计算结果的最小二乘作为拟合项:

$$\Phi_\rho = [\rho - F(m)]^\mathrm{T} \boldsymbol{W}_\rho^\mathrm{T} \boldsymbol{W}_\rho [\rho - F(m)] \tag{5-18}$$

式中,ρ 为测量的视电阻率数据;$F(m)$ 为对电阻率模型 m 的正演模拟;W_ρ 为视电阻率数据权重矩阵;根据下式,获取正则化项:

$$\Phi_m = \| C(m - m_{ref}) \| \tag{5-19}$$

式中,m_{ref} 为初始电阻率模型;C 为圆滑矩阵,根据获取的最小二乘以及正则化项,获取反演目标函数 Φ:

$$\Phi = \Phi_\rho + \lambda\, \Phi_m \tag{5-20}$$

式中,Φ_ρ 为观测数据拟合项;Φ_m 为正则化项;λ 为控制观测数据拟合项和正则化项的权重系数。

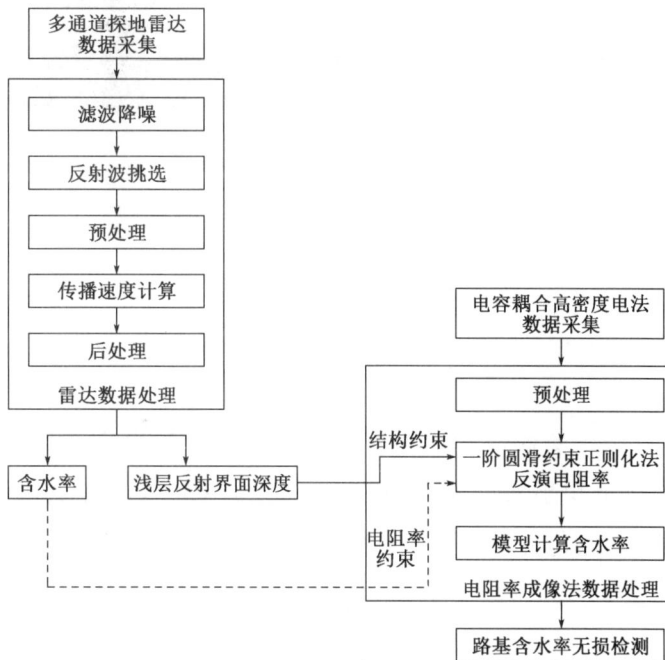

图 5-9 GPR 与 CCR 电法联合反演示意图

在无约束条件下,m_{ref} 通常取视电阻率值的平均值进行反演,并随着后续迭代不断改变。采用电阻率约束法时,将已知层位的电阻率(如雷达或勘探获取的路面层电阻率)作为先验信息代入 m_{ref} 中,作为初始模型进行反演。并通过控制 λ 的数值,调整圆滑正则化项和先验信息初始模型之间的权重。若在路面层电阻率已知条件下,根据路面电阻率信息作为反演结果的已知信息进行反演。

基于以上数据处理算法,采用 Python 语言以及 Anaconda 软件等工具开发了 CCR 数据处理的"基于 GPR 和 CCR 的路基含水率分析软件"(图 5-10)。软件使用 GPR 数据和电导率层析(ERT)数据,可反演得到公路路床的含水率分布数据。

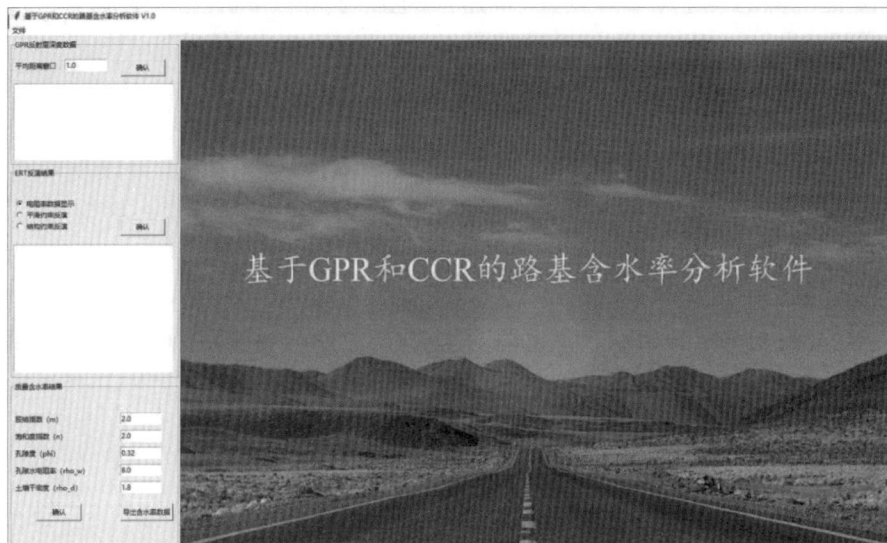

图 5-10　GPR + CCR 数据处理软件界面

5.4　本章小结

本章针对检测数据处理,研究了 GPR 数据处理算法、CCR 数据处理算法、GPR + CCR 数据联合反演算法,主要结论如下:

(1)GPR 反演算法主要通过预处理好的成像图谱识别路面结构界面,挑选不同采集位置的路面层底界面反射雷达波的传播时间,利用雷达波传播时间反演计算路面层厚度和介电常数,再通过介电常数-含水率关系模型将路面层介电常数转化为路面含水率。

(2)CCR 反演算法以路面整体厚度和电阻率等先验信息为约束条件,将 CCR 观测数据、模型参数正演计算结果的最小二乘作为拟合项,与正则化项之和作为反演目标函数,采用高斯-牛顿迭代方法求解,获取路基范围内的电阻率分布。

(3)GPR 与 CCR 联合反演算法的关键在于雷达数据反演结果对电法反演过程的约束,包括结构约束和电阻率约束。当 GPR 提供精准的面层厚度信息时,则利用该面层结构信息约束电法反演,而当 GPR 提供精准的面层电阻率信息时,则利用该面层电阻率信息约束电法反演,从而提高含水率反演的准确性。

CHAPTER 6

第6章

运营公路路基湿度无损检测工程应用

在前5章研究基础上,本章介绍多通道探地雷达(GPR)、电容耦合电阻率法(CCR)和GPR+CCR识别路基含水率方法在华北平原地区(河南封丘某省道),西南丘陵地区(广西柳州某高速公路),华南多雨地区(广东广州某高速公路、广东梅州某高速公路、广东清远某高速公路),西北干旱地区(甘肃武威某县道沙漠公路)等不同地区、不同等级公路工程的应用情况,分析测试验证效果及经济效益。同时,结合工程应用总结了不同路基湿度检测方法的流程、精度、效率等技术特点,根据改扩建工程不同设计阶段的需要,建立运营期公路路基湿度状态的"全路段普查、重点区详查、隐患点核查"分阶段检测技术体系。

6.1 GPR 检测应用案例分析

为了测试单独使用 GPR 检测路基路面结构及含水率的适用性及效果,先后在河南封丘某省道、甘肃武威某县道、广东广州某高速公路等不同地区不同等级运营公路进行现场测试及应用,具体应用情况和结果总结如下。

6.1.1 测试方案及数据处理

采用基于 GPR 的路基含水率无损检测方法,相关测试及数据处理流程如下:

(1)选择适合待检测公路的探地雷达天线,中心频率介于400~900MHz。

(2)在测线起止点各做一次 WARR 测试,以备后期计算路面层含水率。

(3)选择 GPR 天线间距,两天线中心间距约为反射层深度的 1.5~2 倍,然后完成整条测线的勘测工作。

（4）按照第 5 章的分析方法完成雷达信号的后期处理。

6.1.2 典型路段测试结果分析

1）河南封丘某省道

图 6-1 是利用 900MHz GPR 在河南封丘某省道路肩进行检测的检测结果。其雷达图中源于路基顶面的反射信号（绿色线）以上仍可识别出 2 个反射信号（8ns 和 12ns），推断为路面内结构层产生的反射，如面层-水稳层界面、水稳层-垫层界面。由于没有采集到路床底面及以下路堤层面的反射信号，本路段只分析路面结构层的含水率，计算时将路面基础、面层等各结构层作为一个整体。沿路肩测线方向路面层的平均含水率和厚度分布见图 6-1。路面面层、基层和垫层的平均质量含水率约为 8.49%，该路段为低路堤，受地下水影响，路面结构层含水率偏高。测试路段 54m 范围内路面层厚度变化较小，平均厚度约为 0.572m，其在 5～15m 段略有 4cm 左右的起伏。该起伏可能与施工建设有关，因为该处与村庄入口公路相交。作为预试验，此处没有开槽取样验证，但总体而言，路面厚度和平均含水率符合预期。

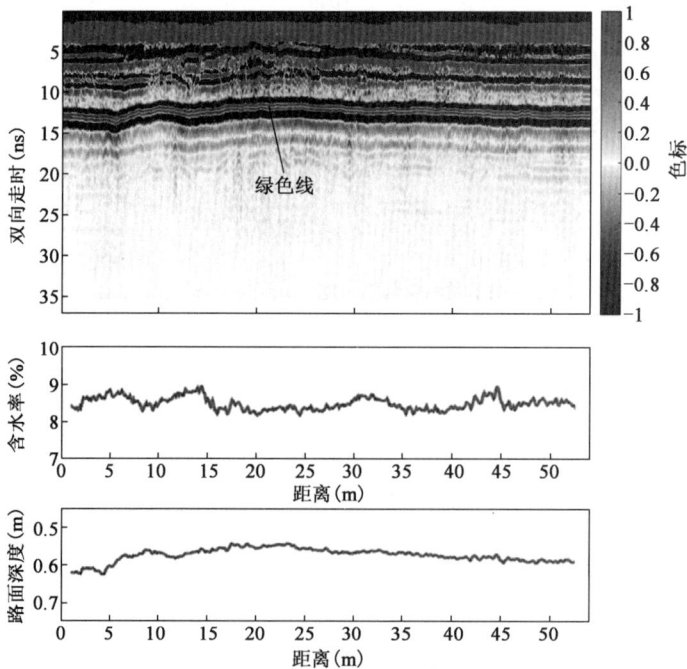

图 6-1　河南封丘某省道路面厚度及含水率检测结果

2）广东广州某高速公路

图 6-2 是利用 900MHz GPR 在广东广州某高速公路路肩进行检测的检测结果。其雷

达图中源于路基顶面的反射信号(绿色线)以上仍可识别出 2 个反射信号(8ns 和 13ns),推断为路面内结构层产生的反射,如面层-上基层面、上基层-下基层界面。而路床底面反射信号下还可以看到一个相对连续的反射信号,但信号强度明显偏弱。此信号应该源于路床填土与地基土的界面。这里仍然选择把路面结构面层、基层、底基层作为一个整体,雷达主要用来检测路肩约 230m 的路面厚度和含水率状况。

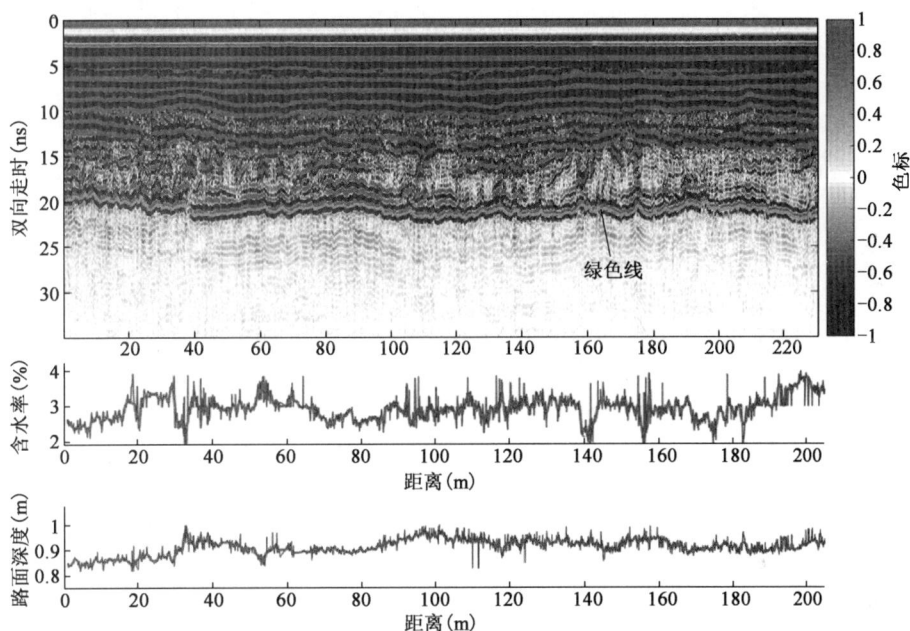

图 6-2　广东广州某高速公路路面厚度及含水率检测结果

如图 6-2 所示,路面平均厚度约为 90cm,质量含水率为 2.5% ~4% ,该路段路基较高,同时测试时间为夏季连续晴天,路面结构层含水率较低。根据现场公路沿线工程地质条件,在 0 ~30m 为陡峭边坡开挖路段,路面厚度逐渐增加约 5cm。而 35 ~100m 段为少量填土路基段,路面厚度呈一定的凹陷,其变化可能与施工期路基形变有关。100 ~220m 路段为 0.5 ~2m 高的填土路基,路面厚度变化不大。此外,在 176m 处开槽显示路面厚度为 89cm,与雷达检测结果非常接近,由此证明了该方法的可靠性。

3) 甘肃武威某县道沙漠公路

图 6-3 是利用 400MHz GPR 在甘肃武威某县道横穿公路进行检测的检测结果。其雷达图中源于路基顶面的反射信号(绿色线)以上的反射信号难以识别,主要原因是雷达天线频率偏低。而路基底面偶尔有反射信号,此信号应该源于沙丘沉积层界面。这里仍然选择把路面作为一个整体,雷达主要用来检测横断面约 13m 的路面厚度和含水率状况。

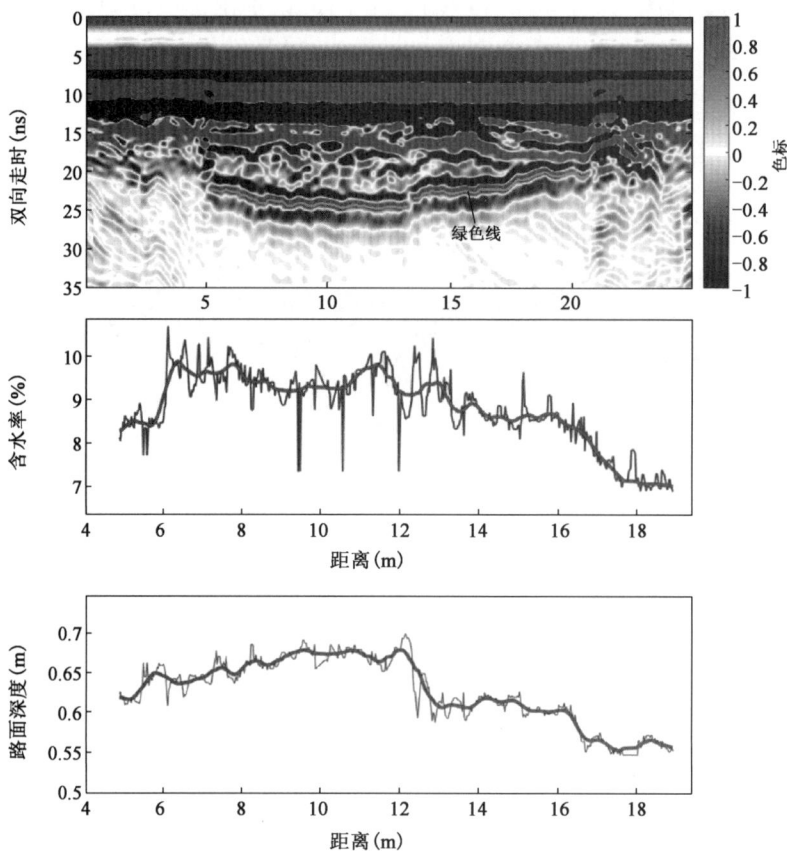

图6-3 甘肃武威某县道沙漠公路路面厚度及含水率检测结果

如图 6-3 所示,路面平均厚度约为 60cm,其中左半幅路面厚度高于右半幅约 6cm。路面层平均质量含水率为 7% ~9%,同时含水率从左半幅向右半幅逐渐降低。根据现场公路沿线工程地质条件,该路段为零填路基,路基路面结构受地下水及地表水影响大;该路段处于沙漠地区,昼夜温差较大,路面层的锅盖效应容易使水分蒸发凝聚到路面基层,这些因素使得路面结构层整体含水率偏高。此外测线左半幅一侧靠近开阔平坦的沙地,其低于路面 50cm 左右且向阳,而另一侧紧靠离地面 2.5m 高的沙丘。由此说明该沙漠公路水分分布明显受地形和朝向影响,水分易富集靠近向阳一侧路面层。

6.1.3 准确性分析

针对不同类型公路结构复杂多变的情况,利用 GPR 识别路面结构存在着诸多挑战。本节重点通过野外测试验证,确认了利用 GPR 定性识别公路浅层结构以及利用其定量识别路面结构层含水率的可行性。研究中利用 GPR 对干旱区低等级沙漠公路、半湿润地区的典型省级公路、湿润地区的高速公路进行了应用测试。结果表明,GPR 可以较好地识别路面层含水率,但具体精度有待进一步研究提高。

6.2　CCR 检测应用案例分析

为了测试单独采用 CCR 检测路基含水率的效果及精度,先后在甘肃武威某县道沙漠公路、广东广州某高速公路等不同等级运营公路进行现场测试及应用。具体应用情况和结果总结如下。

6.2.1　测试方案及数据处理

本测试采用 CCR 进行路基含水率无损检测,相关测试及数据处理流程如下:

(1)根据探测目标层深度选择接收天线、发射天线偶极长度,以及接收天线和发射天线距离。

(2)安装连接好 CCR 仪器,根据数据采集密度需求,调整 CCR 拖拽速度,通常保证横向数据采集密度每米不低于 1 个。

(3)CCR 数据采集起点与测线起点重合,应保证发射天线偶极末端覆盖测线终点,然后完成整条测线的勘测工作。

(4)数据处理,先利用调查获得的公路设计面层厚度信息对 CCR 数据进行约束反演,再利用电阻率与含水率的 Archie 公式模型常用参数进行换算,得到路基土含水率分布。具体参见第 5 章 CCR 数据分析方法。

6.2.2　典型路段测试结果分析

(1)甘肃武威某县道沙漠公路

甘肃武威某县道沙漠公路现场 CCR 数据采集接收发射天线偶极矩为 2.5m,接收天线与发射天线距离 0.5m。该段公路修建于填料(材料)相对单一的沙漠土上。图 6-4 为 CCR 电阻率分布反演结果,反演过程中用路面混凝土设计厚度 0.7m 进行了约束。此外,相较于路面较高的质量含水率(约 7.5%),路基平均含水率仅约 4.5%,且沿公路走向变化相对较小(<1.5%)。这可能与沙漠特殊的气候条件有关,路面材料相对填料(材料)细密,昼夜温差变化较大,下伏沙漠中的水分在蒸发、凝聚过程中易富集于路面基层。

(2)广东广州某高速公路

采用 CCR,选择天线偶极矩 2.5m,接收天线与发射天线距离 0.5m,在广东广州某高速公路进行数据采集。测试后,根据该路段开槽获取的公路面层厚度,对 CCR 数据进行了约束反演,结果如图 6-5 所示,公路路基湿度无损检测技术能有效反映路基浅部(0.9~

2.1m)湿度状况。显然该公路路基在长期运营条件下,路基湿度已完全不同于设计指标。结果显示,在200m左右范围内,路基浅部平均质量含水率从8%增长到10%,但大部分路段含水率在9%左右。其中含水率较高的路段,如12~30m、65~85m、125~150m可能与局部自然地理条件有关,如公路附近低洼积水等。而175~200m相对偏干的路段可能与此处路基填土较高有关。

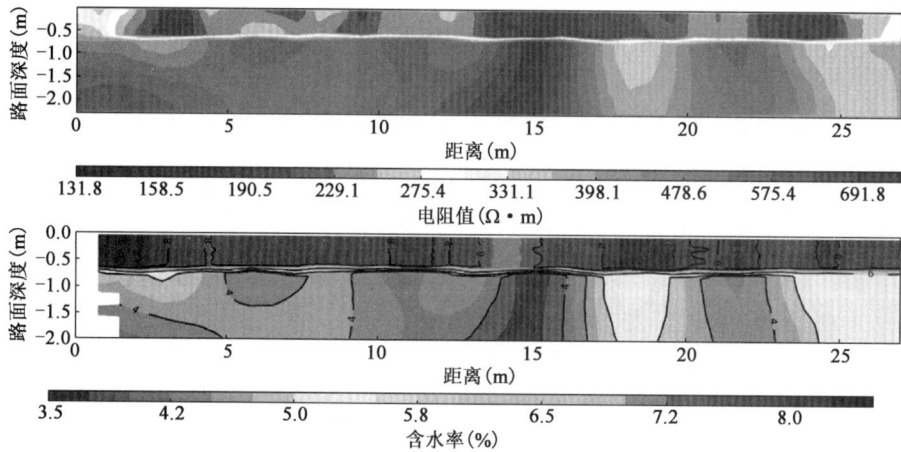

图6-4　甘肃武威某县道沙漠公路路基湿度无损检测结果

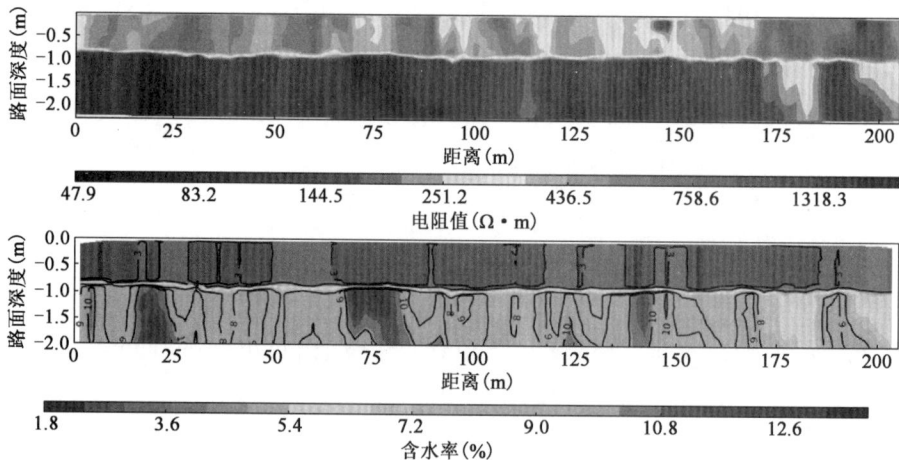

图6-5　广东广州某高速公路路基湿度无损检测结果

6.2.3　准确性分析

本节重点通过野外测试验证,确认了利用CCR定量识别路床含水率的可行性。主要结论如下:

(1)在不同地质条件下的测试结果表明,路床含水率测试结果在合理范围内,并较好地反映了含水率的空间变化特征。

(2)本方法采用了 CCR 含水率公路设计的面层厚度信息,对 CCR 数据进行了约束反演,但实际施工的路面厚度和设计值可能存在偏差。另外,对于长期运营公路,路面可能经历过多次维护和返修,表层厚度误差更大,会给 CCR 方法路床含水率探测带来一定的误差。

(3)在无验证信息条件下,CCR 含水率探测精度还受土体电阻率与含水率以及模型参数的影响。若路段土质差异较大,相同的参数可能会给含水率换算带来一定的误差。

6.3　GPR + CCR 检测应用案例分析

在 GPR、CCR 等单一方法的应用基础上,采用联合 GPR + CCR 的路基湿度无损检测方法,先后在广东梅州某高速、广东清远某高速、广西柳州某高速等运营公路进行了现场路基湿度测试应用,分析了该方法的测试精度及效果。测试方法与结果总结如下。

6.3.1　测试方案及数据处理

联合 GPR 和 CCR 的路基含水率无损检测方法,相关测试及数据处理流程包括以下 3 个关键步骤:

(1) 基于对检测对象特征如公路结构、路基土填料类型、水文地质环境等情况的初步掌握,选择相应频率的 GPR 天线和确定 CCR 收发间距连接线。其中,GPR 选用多通道雷达设备,天线频率为 900MHz,CCR 选用电容耦合式电阻率测量仪器,收发间距为 2.5m。

(2)现场检测过程中,根据现场条件进行参数设置后,依次通过拖拽探地雷达系统和电容耦合电阻率系统对公路进行检测,完成数据采集。

(3)采集路基土填料样品,室内测试电磁参数,为后续含水率反演提供支撑。

数据处理方法包括以下 3 个关键步骤:

(1)通过对 GPR 数据进行分析,定性识别路面结构,然后依据宽角反射折射法计算路面结构的电磁波传播平均速度,并将此速度应用于固定天线间距反射法中,计算路面结构整体厚度和含水率。

(2)对 CCR 采集数据进行预处理,将 GPR 探测获得的路面厚度以及含水率信息作为 CCR 反演的重要约束条件,计算公路整体电阻率分布。

（3）利用电阻率-含水率关系模型将路基土体电阻率转换成含水率，从而获得路基含水率分布。

6.3.2　广东梅州某高速公路路基湿度测试结果分析

利用 GPR + CCR 方法对广东梅州地区某高速 K16 + 000—K17 + 500 段、K22 + 600—K23 + 950 段、K25 + 000—K27 + 000 段、K60 + 700—K62 + 700 段、K68 + 800—K70 + 800 段、K103 + 550—K105 + 200 段等 6 个代表性路段，进行 GPR、CCR 路基湿度（含水率）联合检测（图 6-6），汇总数据详见表 6-1。

图 6-6　广东梅州某高速路基含水率无损检测现场作业图

广东梅州某高速路基湿度（含水率）测试结果汇总　　　　　表 6-1

序号	起点桩号	测试长度（m）	路床含水率（%）		路基类型
			分布范围	平均值	
1	K60 + 700—K62 + 700	2000	11.7 ~ 19.4	16.8	软土地基段、填方路基
2	K68 + 800—K70 + 800	2000	3.5 ~ 15.3	8.9	填方路基、低填浅挖
3	K103 + 550—K105 + 200	1650	5.5 ~ 17.6	11.5	挖方路基、低填浅挖
4	K16 + 000—K17 + 500	1500	10.1 ~ 17.8	14.4	水库邻近路堤、高填方路基
5	K22 + 600—K23 + 950	1350	5.6 ~ 20.2	14.1	填方路基、低填浅挖路基
6	K25 + 000—K27 + 000	2000	8.0 ~ 14.7	13.8	半填半挖路基、填方路基

不同典型路基类型、地质条件下的路床土基含水率（湿度）测试结果显示，K60 + 700—K105 + 200 段的路床范围内土基含水率为 3.7% ~ 19.4%（均值为 12.6%），未出现浸水、积水现象；K16 + 000—K27 + 000 段的路床范围内土基含水率为 5.8% ~ 20.2%（均值为 14.2%），未出现浸水、积水现象。现场调查发现，低山丘陵区公路路基地下水位总体较深，距离路床的竖直高差大，公路路基排水通畅，一般填方路基、挖方路基、半填半挖路

段路床湿度状态满足《公路路基设计规范》(JTG D30—2015)的中湿状态,山前冲积平原区、临水路段地下水位较高,但路线多以填方、高填方通过,路床湿度状态基本满足《公路路基设计规范》(JTG D30—2015)的中湿状态。

1)K60 +700—K62 +700(软土地基段填方路基)

本检测路段共计2000m,路段处于山前冲积平原地带,分布有软土地基,本段设计为填方路基,路基填料为细粒土质砂(中砂),填方路基高度为2.0~8.0m,地下水位接近天然地表,路基排水设施良好,排水通畅,沿线地形(局部)分布见图6-7。

图 6-7　K60 +700—K62 +700 段路基地形(局部)

本段路基路床范围内路基土的质量含水率分布见图6-8。总体而言,本路段路床含水率变化范围在11.5% ~19.4%,平均含水率约为17.1%;平均饱和度约为96.9%。其中路床含水率偏高的路段位于 K60 +850— K60 +950 段(平均含水率为19.3%)、K62 +100—K62 +200 段(平均含水率为19.4%)、K62 +350— K62 +450 段(平均含水率为18.6%)。本段路基分布于软土地基路段,路基填土为黏土质砂,黏粒成分较高,由于该段处于河谷低洼地段,软土地基湿度较大,黏粒成分保水性较强,路堤过低容易引起路床湿度增大,因此本段路床范围内路基土含水率总体较高,其中偏湿路基多处于填土路堤高度较小的路段。

2)K68 +800—K70 +800(低填浅挖段填方路基)

本检测路段共计2000m,路段处于山前冲积平原和丘陵过渡地带,分布有池塘、丘陵,本段设计主要为填方路基,局部有低填浅挖,路基填料为黏土质砂(粗砂),填方路基高度为1.5~7.0m,地下水位接近沟谷水塘路段天然地表,路基排水设施良好,排水通畅,沿线地形(局部)分布见图6-9。

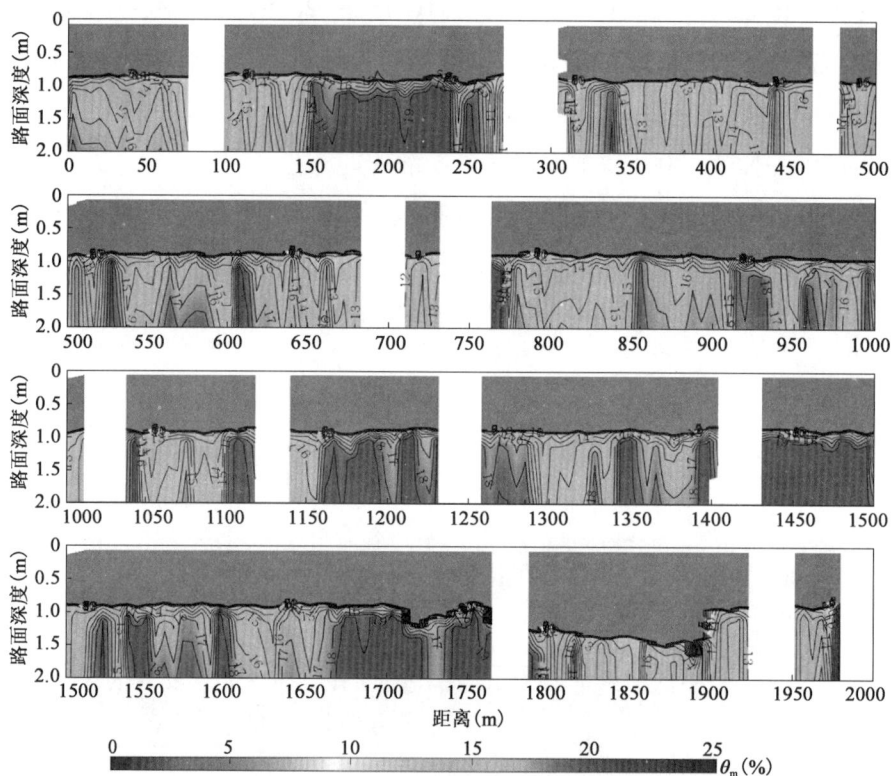

图6-8　K60+700—K62+700段路基质量含水率分布图

注:图中空白处为桥涵构造物或信号干扰段。

图6-9　K68+800—K70+800段路基地形(局部)

　　本段路基路床范围内路基土的质量含水率分布见图6-10。总体而言,该路段路床含水率变化范围在3.7%~15.8%,平均含水率为9.1%。其中路床含水率偏高的路段位于K70+530—K70+650段(平均含水率为10.2%)和K68+850—K68+920段(平均含水率为13.9%),这两段均处于浅挖方段。而较干的路段位于K69+550—K69+650段(平均含水率为5.3%),此段处于丘陵山顶挖方段,可见基岩出露。另外一段相对较干的路段K69+100—K69+200段(平均含水率为6.8%)则处于丘陵区填方段。本段路基分布于山前平原与丘陵过渡地带,路基填土为黏土质粗砂,黏粒成分较低,路基排水通畅,总体上本段路床范围内路基土含水率较低,局部低填浅挖路段略高。

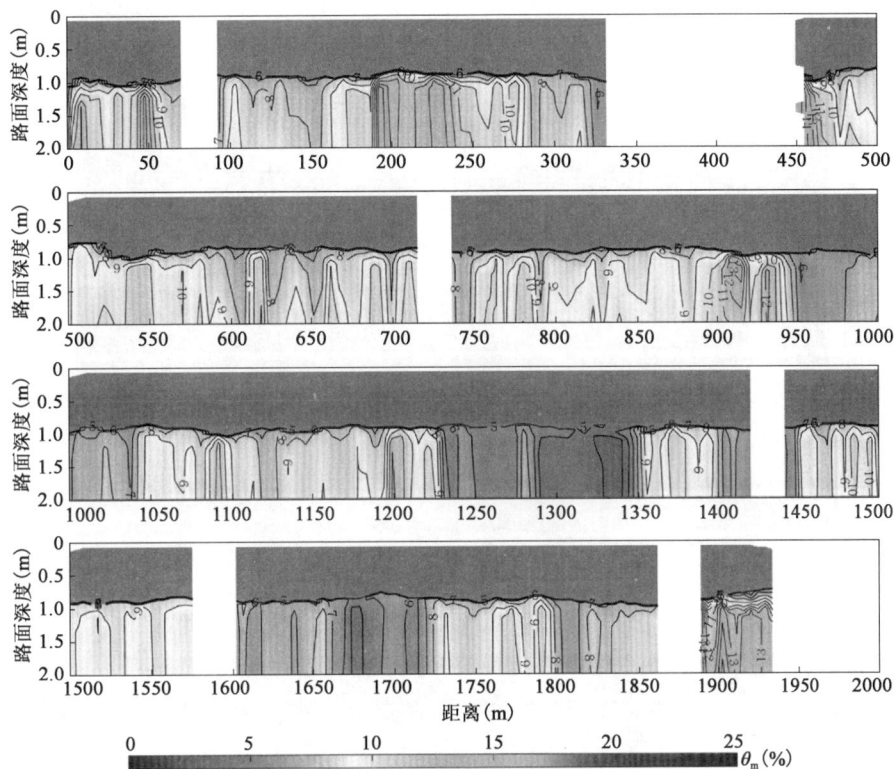

图 6-10　K68 + 800—K70 + 800 段路基质量含水率分布图

注:图中空白处为桥涵构造物或信号干扰段。

3) K103 + 550—K105 + 200(挖方路基、低填浅挖)

本检测路段共计 1650m,路段处于丘陵地带,分布有丘陵低山、山间沟谷,本段设计主要为挖方路基、填方路基,局部有低填浅挖,路基填料为黏土质砂(粗砂),挖方路基高度为 2.0 ~ 6.0m,填方路基高度为 2.0 ~ 7.0m,地下水位接近沟谷路段天然地表,路基排水设施良好,排水通畅,沿线地形(局部)分布见图 6-11。

本段路基路床范围内路基土的质量含水率分布见图 6-12。总体而言,本路段路床含水率不高,含水率变化范围在 6.5% ~ 17.4%,平均含水率为 11.6%。该检测路段桥涵较多,尤其是 K104 + 700—K105 + 200 段,该路段路床含水率较低,平均含水率为 8.7%,路段主要为填方路基、桥头路基,路基高度较高,路床为黏土质粗砂,排水通畅。而路床含水率偏高的路段位于 K104 + 450—K104 + 700 段,平均含水率为 12.8%,这是由于此处位于山脚填方交界和低填浅挖路段,易积水所致。而 K103 + 550—K103 + 900 段,平均含水率为 11.6%,此段为上坡断续边坡低挖方段。

图 6-11　K103 + 550—K105 + 200 段路基地形(局部)

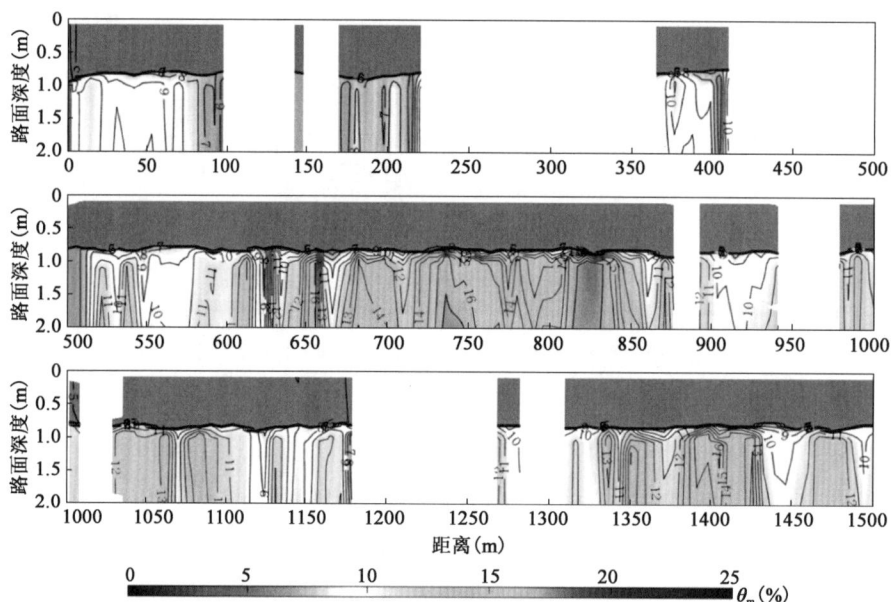

图 6-12　K103 + 550—K105 + 200 段路基质量含水率分布图

注:图中空白处为桥涵构造物或信号干扰段。

4)K16 + 000—K17 + 500(临水库高填方路基)

本检测路段共计 1500m,路段处于丘陵地带,分布有丘陵低山、山间沟谷,本段设计主要为挖方路基、填方路基,局部有高填方路基、临水库填方路基,路基填料为黏土质砂(粗砂),挖方路基高度为 2.0 ~ 10.0m,填方路基高度为 3.0 ~ 25.0m,该路段天然地面起伏较大,路基排水设施良好,排水通畅,沿线地形(局部)分布见图 6-13。

图 6-13 K16+000—K17+500 段路基地形(局部)

本段路基路床范围内路基土的质量含水率见图 6-14。总体而言,该路段路床含水率变化范围在 10.1%~17.8%,平均含水率为 14.3%。该检测路段 K16+250—K17+380 段处于沟谷洼地和填挖交界路段,容易积水,整体含水率相对较高,平均含水率为 15.9%。K16+900—K17+350 段为挖方路基,路床含水率相对较高,平均含水率为 15.9%。临水库路基位处 K16+650—K17+900 段,由于路基位于高填方路堤,路床比水库水位高,因此路床含水率受水库影响有限,本段含水率并没有邻近的挖方段高,平均含水率为 12.1%。

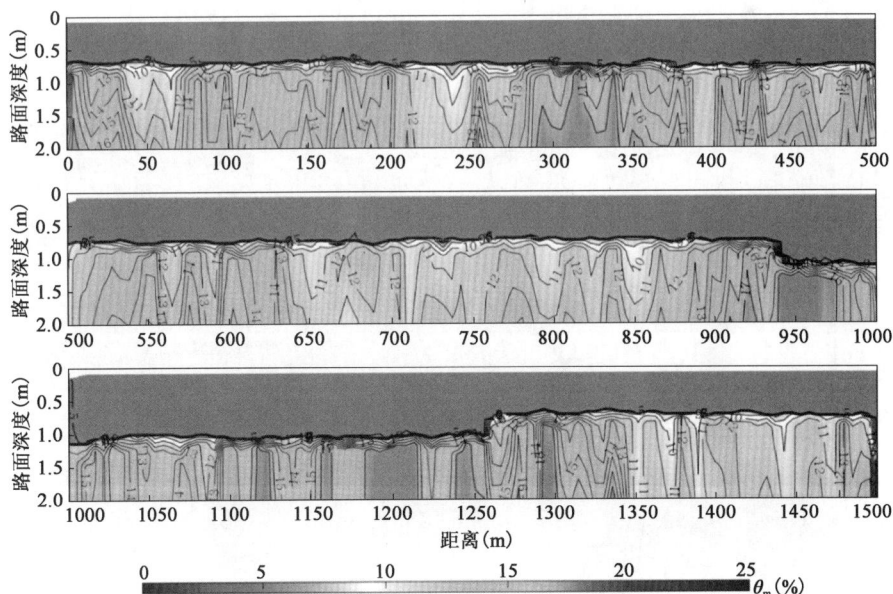

图 6-14 K16+000—K17+500 段路基质量含水率分布图

5)K22+600—K23+950(低填浅挖、填方路基)

本检测路段共计 1350m,路段处于丘陵地带,公路沿梅江支流傍山河谷修筑,本段设计主要为填方路基、低填浅挖路基,局部有半填半挖路基,路基填料为黏土质砂(中砂),填方路基高度为2.0~8.0m,该路段天然地面起伏不大,公路设计高程比河谷地势高,路基排水设施良好,排水通畅,沿线地形(局部)分布见图6-15。

图6-15　K22+600—K23+950段路基地形(局部)

本段路基路床范围内路基土的质量含水率见图6-16。总体而言,该路段路床含水率变化范围在5.8%~20.2%,平均含水率为14.3%。该检测路段 K22+600—K23+000 段主要处于半填半挖路基挖方一侧,整体含水率相对较高,平均含水率为12.5%。K23+50—K23+750 段位于山脚低填浅挖路段,地形容易积水,路床含水率偏高,平均含水率为16.4%。K23+750—K23+950 段为一般填方路基,路基高度可达5~7m,该段路床含水率略低,平均含水率为12.2%。

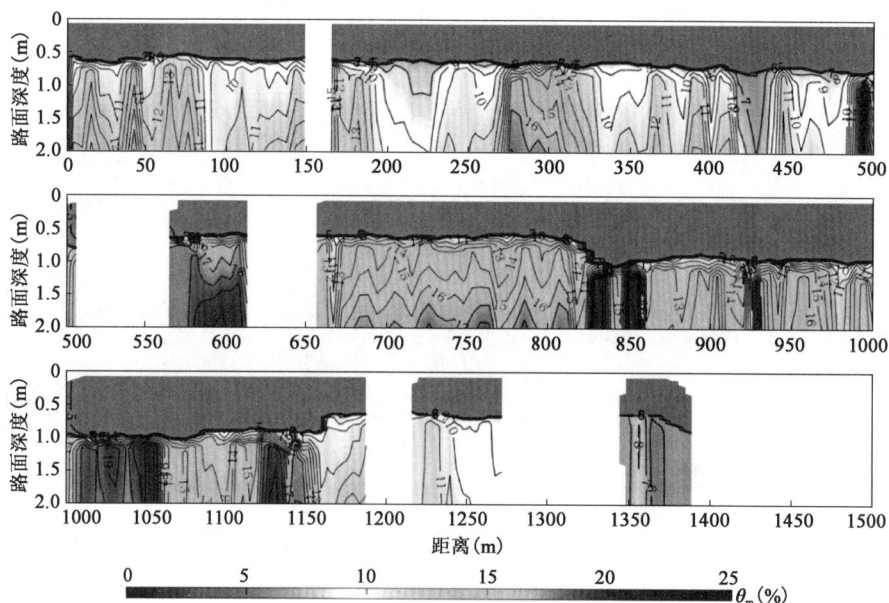

图6-16　K22+600—K23+950段公路路基质量含水率分布图

6) K25 +000—K27 +000(半填半挖路基)

本检测路段共计 2000m,路段处于丘陵地带,公路沿梅江左岸傍山河谷修筑,本段设计主要为半填半挖路基的填方侧,局部有填挖交界、挖方路基,路基填料为黏土质砂(中砂),填方路基高度为 2.0~7.0m,该路段天然地面起伏较大,公路纵曲线设计为先平缓、再上坡、后下坡,路基排水设施良好,排水通畅,沿线地形(局部)分布见图6-17。

图 6-17　K25 +000—K27 +000 段路基地形(局部)

本段路基路床范围内路基土的质量含水率见图6-18。总体而言,该路段路床含水率变化范围在 8.6%~14.7%,平均含水率为 14.0%。该检测路段总体为从沟谷爬坡路段,其中前半段 K25 +000—K26 +000 段位于山谷,为半填半挖填方侧和一般填土路基,路床范围含水率相对较高,平均含水率为 14.2%;K26 +000—K27 +000 在上坡、坡顶路段,位于半填半挖路基填方侧,含水率总体逐渐降低。而后半段 K26 +400—K27 +650 段局部含水率变高,平均含水率为 14.7%,这是由于该路段位于山梁处,公路左右两侧均是挖方,且检测一侧是浅挖方,容易积水,因此该路段路床含水率较高。K26 +650—K27 +000 段处于下坡段半填半挖路基填方侧,且填方为高填方,路基排水通畅,该路段含水率略低,平均含水率为 12.7%。

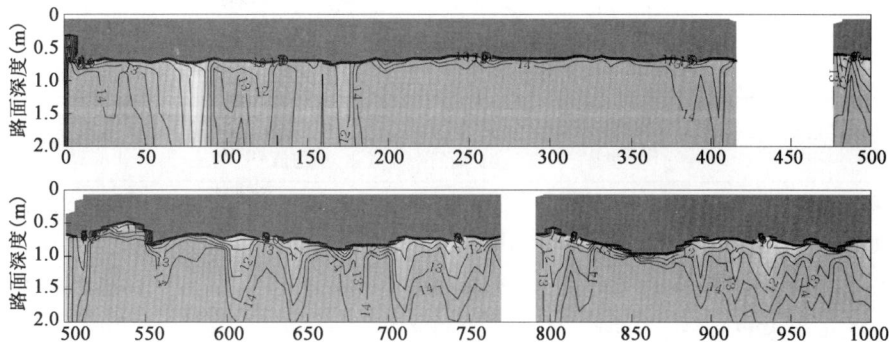

图　6-18

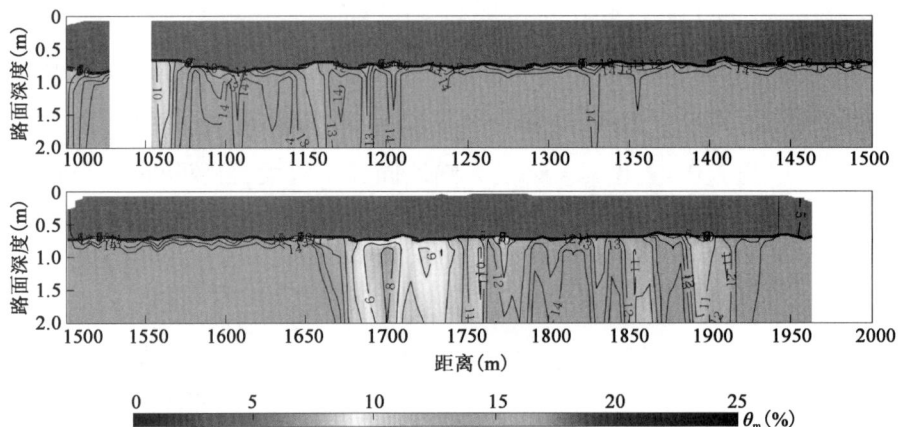

图6-18　K25+000—K27+000段路基质量含水率分布图

6.3.3　广东清远某高速公路路基湿度测试结果分析

在广东清远地区某高速公路 K2080+500—K2082+200 段、K2090+600—K2091+700 段、K2100+300—K2100+700 段、K2123+600—K2124+000 段这4个代表性路段,进行路基湿度(含水率)无损检测(图6-19)。

图6-19　广东清远某高速公路现场路基湿度(含水率)检测

本次试验共测试了4个路段,汇总数据详见表6-2。

广东清远某高速路基湿度(含水率)测试结果汇总　　　　　表6-2

序号	起点桩号	测试长度(m)	路床含水率(%)		路基类型
			分布范围	平均值	
1	K2080+500—K2082+200	1700	8.4~17.8	12.2	高填方路基、一般挖方路基
2	K2090+600—K2091+700	1100	9.3~18.5	12.6	软土地基段、填方路基
3	K2100+300—K2100+700	400	9.4~14.3	12.9	一般填方路基
4	K2123+600—K2124+000	400	8.3~13.9	10.8	深挖方路基

不同典型路基类型、地质条件下的路床土基湿度(含水率)测试结果显示,检测路段的路床范围内土基含水率均值为 12.3%,未出现浸水、积水现象。现场调查发现,低山丘陵区公路路基地下水位总体较深,距离路床的竖直高差大,公路路基排水通畅,一般填方路基、挖方路基、半填半挖路段路床湿度状态满足《公路路基设计规范》(JTG D30—2015)的中湿状态,山前冲积平原区、临水路段地下水位较高,但路线多以填方、高填方通过,路床湿度状态基本满足《公路路基设计规范》(JTG D30—2015)的中湿状态。

(1)K2080 + 500—K2082 + 200 段(高填方路基)

本检测路段共计 1700m,路段处于低山丘陵地带,地形起伏较大,填方挖方交错分布。本路段 K2080 + 500—K2080 + 600 为填方路基,填方高度为 2.0 ~ 4.0m;K2080 + 600—K2080 + 900 段为一般挖方,挖方高度为 2.0 ~ 6.0m;K2080 + 900—K2081 + 270 段为高填方,填方高度为 12.0 ~ 20.0m;K2081 + 270—K2081 + 550 段为挖方,挖方高度为 2.0 ~ 8.0m;K2081 + 550—K2082 + 200 段为填方路基,填方高度为 3.0 ~ 18.0m。路基填料为粉土质砂、黏土质砂,地下水位接近山谷低洼天然地表,排水设施良好,排水通畅。本路段的路床为中湿或干燥状态,满足《公路路基设计规范》(JTG D30—2015)的中湿状态要求,沿线地形(局部)分布见图 6-20。

图 6-20　K2080 + 500—K2082 + 200 段路基地形(局部)

本段路基路床范围内路基土的质量含水率分布见图 6-21 和图 6-22。以 20m 为统计单元,统计路床范围路基平均含水率,本路段路床含水率变化范围在 8.4% ~ 17.8%,平均含水率为 12.2%。其中 K2080 + 500—K2080 + 600 段含水率变化范围在 9.3% ~ 13.8%,平均含水率为 11.1%;K2080 + 600—K2080 + 900 段含水率变化范围在 8.6% ~ 14.1%,平均含水率为 10.6%;K2080 + 900—K2081 + 270 段含水率变化范围在 8.4% ~ 13.5%,平均含水率为 11.1%;K2081 + 270—K2081 + 550 段含水率变化范围在 8.8% ~ 13.7%,平均含水率为 11.0%;K2081 + 550—K2082 + 200 含水率变化范围在 10.9% ~ 17.8%,平均含水率为 13.5%。本段路基总体上挖方段含水率低、填方路基段含水率高,同时填方路基填料为黏土质砂、粉土质砂,细颗粒成分占比较高,细颗粒成分保水性较强,同时测试前几天项目区经历了降雨,降水从土路肩、未封闭边坡等部位渗入路基中,容易引起路床湿度增大,因此填方路段路床范围内路基土含水率相对较高。

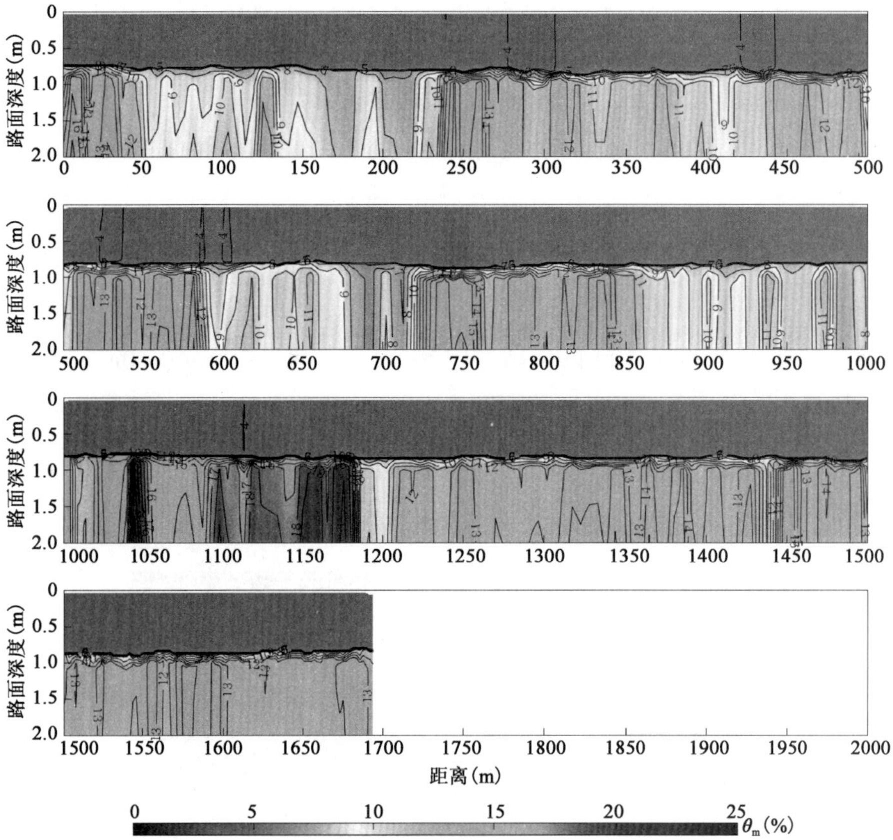

图 6-21　K2080+500—K2082+200 段(上行)路基质量含水率分布云图

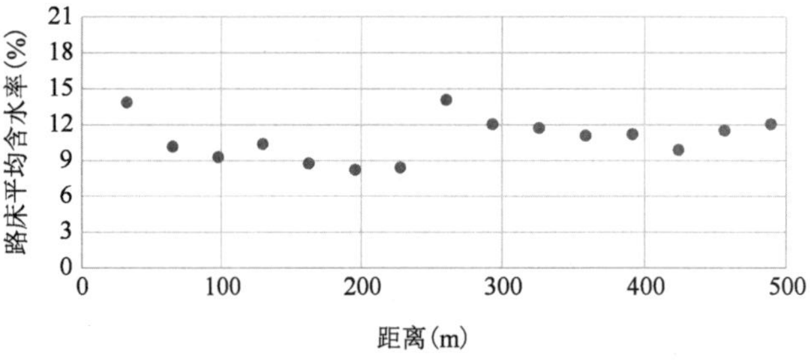

图　6-22

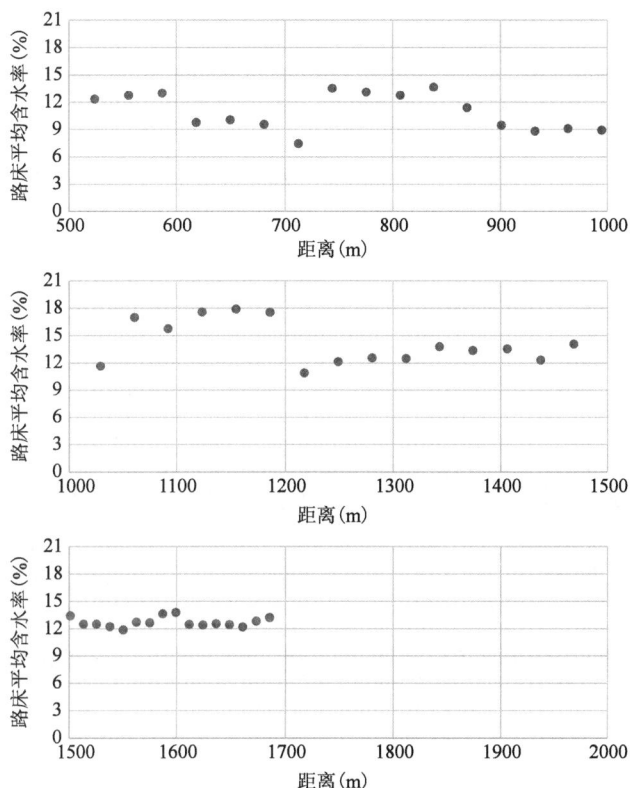

图6-22　K2080+500—K2082+200段路床平均含水率分布

2）K2090+600—K2091+700段(软土地基路段填方路基)

本检测路段共计1100m,路段处于山前冲积平原地带,地势平缓,分布有软土地基。K2090+600—K2091+100段为浅挖方,K2091+100—K2091+700段为软土地基填方路基,填方路基高度为3.0~6.0m。路基填料为黏土质砂,地下水位接近天然地表,路基排水设施良好,排水通畅。本路段的路床为中湿或干燥状态,满足《公路路基设计规范》(JTG D30—2015)的中湿状态要求,沿线地形(局部)分布见图6-23。

图6-23　K2090+600—K2091+700段路基地形(局部)

本段路基路床范围内路基土的质量含水率分布见图 6-24 和图 6-25。以 20m 为统计单元,统计路床范围路基平均含水率,本路段路床含水率变化范围在 9.3% ~ 18.5%,平均含水率为 12.6%。其中 K2090 + 600—K2091 + 100 段含水率变化范围在 9.3% ~ 14.1%,平均含水率为 11.1%;K2091 + 100—K2091 + 700 段含水率变化范围在 10.8% ~ 18.5%,平均含水率为 13.5%。本段总体上也呈现填方路基的含水率略高于挖方段,主要原因是受测试前几天降雨影响,降水从土路肩、未封闭边坡等部位渗入路基中,容易引起路床湿度增大,因此填方路段路床范围内路基土含水率相对较高。同时,浅挖路段局部路段也出现含水率略高的现象,这可能与地下水排水条件和边沟渗漏有关。

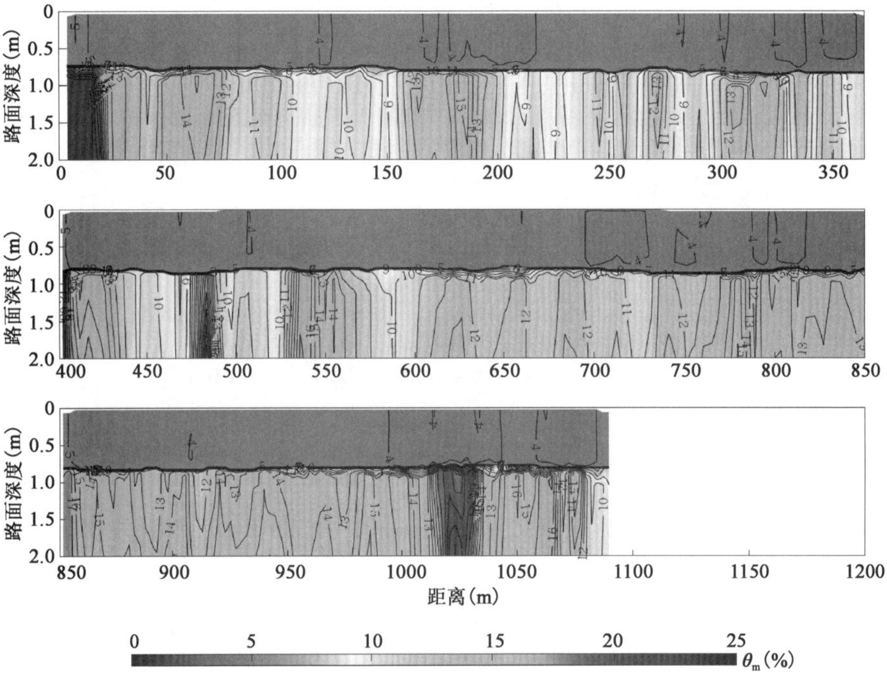

图 6-24 K2090 + 600—K2091 + 700 段路基质量含水率分布云图

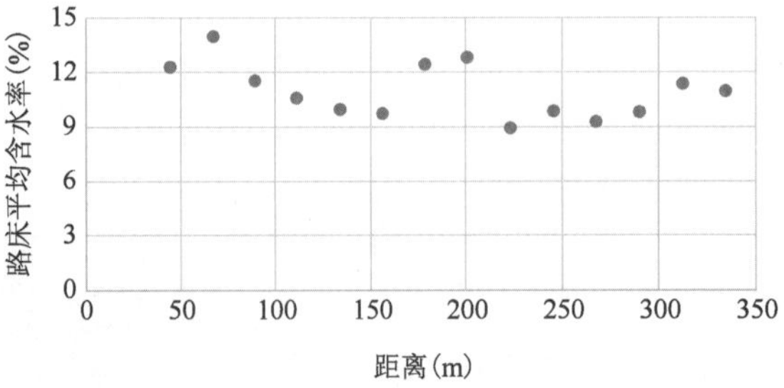

图 6-25

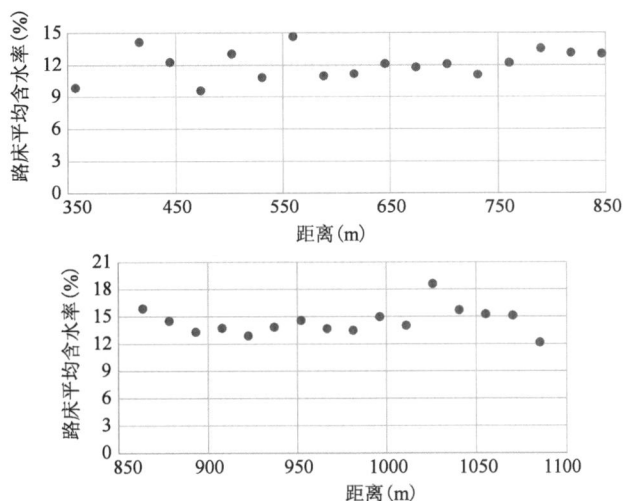

图 6-25　K2080 + 500—K2082 + 200 段路床平均含水率分布

3) K2100 + 300—K2100 + 700 段(一般填方路基)

本检测路段共计 400m,路段处于低山丘陵地带,地形起伏大。本路段主要以挖方通过,K2100 + 300—K2100 + 410 段为一般挖方,K2100 + 410—K2100 + 600 段为一般填方,K2100 + 600—K2100 + 700 段为一般挖方,填高 3 ~ 5m。路基填料为粉土质砾,地下水位接近山谷低洼天然地表,排水设施良好,排水通畅。本路段的路床为中湿或干燥状态,满足《公路路基设计规范》(JTG D30—2015)的中湿状态要求,沿线地形(局部)分布见图 6-26。

图 6-26　K2100 + 300—K2100 + 700 段路基地形(局部)

本段路基路床范围内路基土的质量含水率分布见图 6-27 和图 6-28。以 20m 为统计单元,统计路床范围路基平均含水率,本路段路床含水率变化范围在 9.4% ~ 14.3%,平均含水率为 12.9%。其中 K2100 + 300—K2100 + 410 段含水率变化范围在 12.1% ~ 12.8%,平均含水率为12.4%；K2100+410—K2100+600段含水率变化范围在9.4%～14.2%，平均含水率为13.1%；K2100+600—K2100+700段含水率变化范围在12.1%～13.8%，平均含水率为12.8%。本段测试路段较短，路基地形及环境条件变化小，路基含水率分布比较均匀。

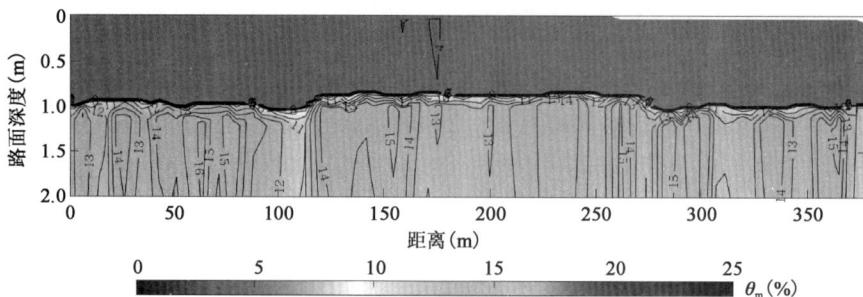

图6-27　K2100+300—K2100+700段路基质量含水率分布云图

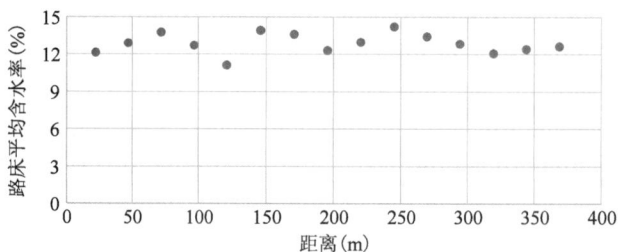

图6-28　K2080+500—K2082+200段路床平均含水率分布

4）K2123+600—K2124+000段（挖方路基）

本检测路段共计400m，路段处于低山丘陵地带，地形起伏大。本路段主要以挖方通过，K2123+600—K2123+680段为一般挖方，坡高5～10m；K2123+680—K2123+710段为一般填方，填高2～4m；K2123+710—K2124+000段为深挖方，坡高20～40m。路基填料为含细粒土砾，地下水位接近山谷低洼天然地表，排水设施良好，排水通畅。本路段的路床为中湿或干燥状态，满足《公路路基设计规范》（JTG D30—2015）的中湿状态要求，沿线地形（局部）分布见图6-29。

本段路基路床范围内路基土的质量含水率分布见图6-30和图6-31。以20m为统计单元，统计路床范围路基平均含水率，本路段路床含水率变化范围在8.3%～13.9%，平均含水率为10.8%。其中K2123+600—K2123+680段含水率变化范围在8.3%～12.8%，平均含水率为10.2%；K2123+680—K2123+710段含水率变化范围在8.1%～16.8%，平均含水率为12.6%；K2123+710—K2124+000段含水率变化范围在11.3%～13.9%，平均含水率为12.3%。本段挖方路基（K2123+710—K2124+000段、K2123+600—K2123+

680 段)的含水率比填方路堤(K2123 + 680—K2123 + 710 段)的低,主要原因是受测试前几天降雨影响,降水从土路肩、未封闭边坡等部位渗入路基中,容易引起路床湿度增大。

图 6-29　K2123 + 600—K2124 + 000 段路基地形(局部)

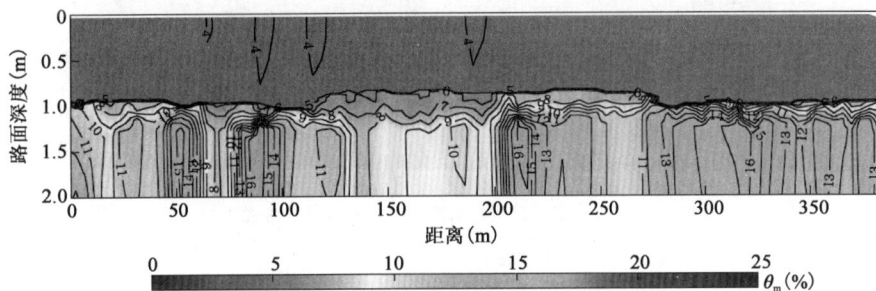

图 6-30　K2123 + 600—K2124 + 000 段路基质量含水率分布图

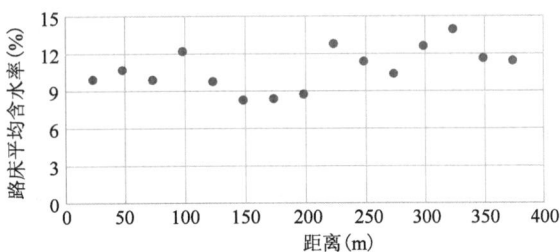

图 6-31　K2080 + 500—K2082 + 200 段路床平均含水率分布

6.3.4　准确性分析

为验证路基湿度无损监测的精度,在广东梅州某高速公路完成 GPR + CCR 现场测试后,随即在现场测试的 6 个路段进行开槽取样(图 6-32),然后利用烘干法测得路床代表性深度处的含水率。GPR + CCR 反演含水率与开槽数据对比如表 6-3 所示。

图 6-32　现场路基含水率开槽取样实测作业图

GPR + CCR 法反演含水率与开槽数据对比

表 6-3

路段序号	桩号及取样深度	开槽实测				GPR + CCR 反演计算	绝对误差（%）
		湿重（g）	干重（g）	质量含水率（%）	平均含水率（%）	含水率（%）	
1	K70 + 760-1 $d = 100$cm	1213.8	1116.9	8.7%	8.9%	7.9%	1.0%
	K70 + 760-2 $d = 100$cm	1025.3	940.2	9.1%			
2	K61 + 660-1 $d = 90$cm	1080.1	962.1	12.3%	12.3%	13.0%	− 0.7%
	K61 + 660-2 $d = 110$cm	937.2	828.9	13.1%	13.1%	14.2%	− 1.1%
	K61 + 660-3 $d = 130$cm	994.1	848	17.2%	17.2%	14.4%	− 2.8%

续上表

路段序号	桩号及取样深度	开槽实测				GPR + CCR 反演计算	绝对误差（%）
		湿重（g）	干重（g）	质量含水率（%）	平均含水率（%）	含水率（%）	
3	K16 + 760-1/2 d = 90cm	889.6	813.8	9.3%	9.3%	11.7%	−2.4%
		774.3	708.1	9.3%			
	K16 + 760-3/4 d = 130cm	661.9	579.9	14.1%	13.9%	11.8%	2.1%
		765.5	673.2	13.7%			
4	K104 + 700 d = 100cm	716.1	628.1	14.0%	14.3%	10.8%	3.5%
		573.8	500.7	14.6%			
5	K23 + 300-1/2 d = 90cm	496.4	431.8	15.0%	15.6%	14.4%	1.2%
		626.9	539.3	16.2%			
6	K26 + 080 d = 90cm	378.1	334.8	12.9%	12.9%	13.3%	−0.4%
		183.7	162.7	12.9%			

通过开槽取样分析,6 处的路床填料(材料)大致可分为两类。其中,K70、K16、K23、K104 处为砂石土,而 K61、K26 处为黏质土。对比现场路基含水率无损检测结果与开槽数据可以发现,统计所有点验证数据,路床含水率绝对误差基本在 3.5% 以内,其中,有一处(K104 + 700)差异较大,原因是 K104 + 700 验证点处于路桥过渡带,数据噪声过大,导致 CCR 反演精度较差。排除异常点后,路床含水率误差显著降低,绝对误差控制在 2.8% 以内。此外,由于验证路段为丘陵区公路,路基填料空间分布有一定的变异性,反演结果与实测数据出现没有规律的正负偏差,后续可通过大量技术应用,积累数据样本和优化模型算法,进一步提升精度和适应性。

6.3.5 经济效益分析

当前路基状态变量的检测主要依靠在公路选择有限的点位进行破坏性开槽现场测试或取样后进行室内分析测试。由于此种检测方法效率比较低,在实际的公路勘测中主要采用筛查的方式,即大约每公里取一个检测点。通常一个测试小组有 5 ~ 8 人,包括切割和开凿机械操作人员、挖土人员以及取样人员等。由于硬化路面开挖较为费力,通常一天只能完成 3 ~ 4 个探槽的检测工作。

选择应用案例中 GPR + CCR 无损检测的方式,操作人员仅需要 3 人,半天可以检测 10km 以上。以当前设备设置 1m 的分辨率为基准,则一天可以检测 10000 个样点。显然该方法可使常规检测的空间分辨率从公里级降到米级,而且可使现有路基湿度状态检测效率提高 5 倍以上。此外如果实现车载无损检测,效率可提高 20 倍以上。

两种检测方式的效益对比分析见表 6-4。

效益对比分析表　　　　　　　　　　　　　　　　表 6-4

对比指标技术类型	传统开槽取样测试技术	GPR + CCR 无损检测技术
测试效率	单点检测 2km/(4 点·d)	连续检测 10km/(10000 点·d)
测试成本	1 万元/工点	约 3000 元/km
安全性与环保性	局部破坏路面、存在安全风险	零损伤、安全风险低

6.4 运营公路路基湿度分阶段检测技术体系

公路工程勘察设计通常分为工程可行性研究、初步设计、施工图设计等阶段,公路改扩建工程中,不同勘察设计阶段对既有公路的检测需求不同。工程可行性研究阶段的总体需求是了解既有公路技术状况;初步设计阶段需求是初步掌握既有公路的技术状况;施工图设计阶段需求是深度掌握既有公路的技术状况。旧路技术状况检测是一个由浅入深、不断深入的过程,因此需要分阶段实施检测工作。

既有公路路基湿度检测方法多种多样,有采用开槽、钻孔取样等有损测试,也有采用 GPR、CCR 和 GPR + CCR 等无损测试。不同测试方法都有其适用性和优缺点,传统有损检测效率低、对路面结构损坏大,同时烘干法、电阻法、中子仪法、γ 射线(透射)法、时域反射仪法(TDR)法等路基土含水率取样检测方法单点代表性差且测试效率低;无损检测可以实现连续快速测试,但 GPR、CCR 等地球物理方法受填料分布、电磁参数等基础资料的完整性和可靠性限制,有着不同的适用场景和检测精度。

根据改扩建工程不同设计阶段的需要,结合不同路基湿度检测方法的技术特点、精度、效率和经济性,提出了运营期公路路基湿度状态的分阶段检测技术对策(图 6-33)。可行性研究阶段采用资料调查来了解公路路基的湿度状况;初步设计阶段采用 CCR 或 GPR 来初步普查全路段大范围的湿度状况、筛选路基湿度异常区、过湿区;施工图设计阶段采用 GPR + CCR 重点详查湿度异常区的湿度状况,精准定位路基过湿隐患点,并进一步采用钻探或槽探核查。通过将不同检测方法与不同勘察设计阶段的检测深度、精度需求相协调,形成 CCR 全路段普查→GPR + CCR 重点区详查→钻挖探隐患点核查的技术体系,实现运营路基性能分级检测,提升路基湿度检测质量和效率。

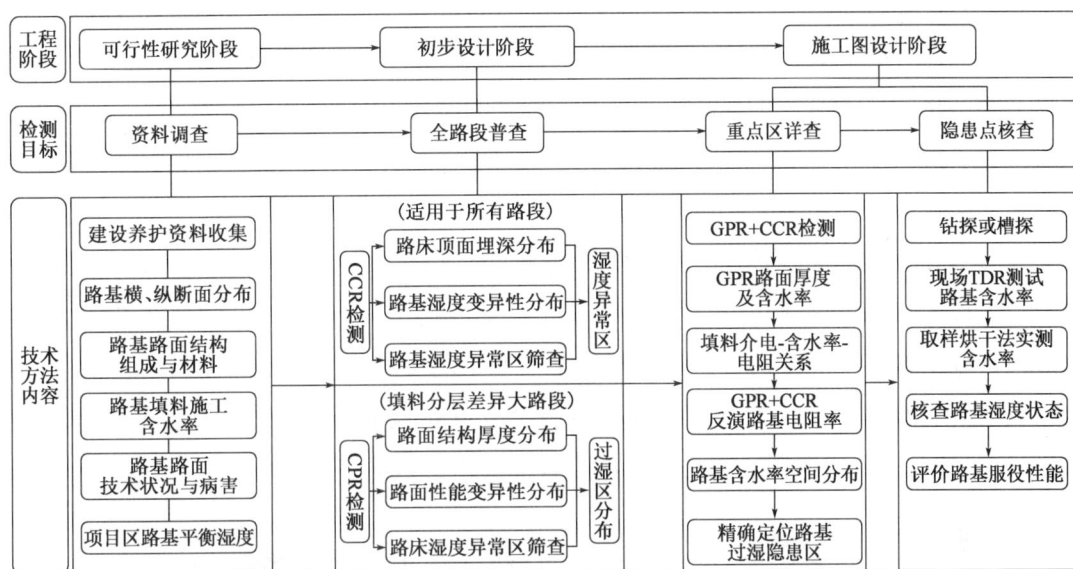

图 6-33　路基湿度分级检测技术路线

6.4.1　资料调查

公路改扩建工程可行性研究阶段,收集公路建设期和养护期的技术资料,了解项目区气候、水文、地质条件,既有公路的路基横断面形式、纵断面分布情况,路基路面结构组成、厚度、材料及状态,路基路面填料的基本物理性质,路基填料的施工含水率,并通过类似工程调研分析项目区路基平衡含水率大小,现场调查公路沿线路基、排水设施、路面技术状况和病害情况,结合近年来养护历史资料,定性分析沿线路基湿度总体状态和典型异常区分布范围。调查阶段技术要求见表 6-5。

调查阶段技术要求　　　　　　　　　　　　　　　　表 6-5

序号	方法	调查内容	技术要求
1	资料收集调研	项目区气候、水文、地质条件; 路基断面形式及填料; 路面结构及材料; 路基填料施工含水率; 项目区路基平衡含水率	全项目调研,掌握每类填料的施工含水率和平衡含水率范围
2	现场调查	排水设施技术状况; 路基技术状况; 路面表观病害情况	沿线调查,掌握表观病害严重路段分布

6.4.2　全路段普查

公路改扩建工程初步设计阶段,在全路段采用 CCR 或 GPR 普查既有路基的湿度状态,筛选出过湿路基路段分布。CCR法适用范围广,一般路段都可适用,测区内有较强的工业游散电流、大地电流或电磁干扰路段除外。GPR法因需要提供反射雷达波信号,单独使用GPR法时,只适用于路基填料分层差异显著的路段,比如路床填料是粗粒土、路堤是细粒土填筑的路段,以及低填浅挖路段、挖方路段、地下水水位较高的路段等。CCR法采用汽车牵引方式在公路表面快速获取全路段的电阻率影像数据(图6-34),反演出路床顶面埋深、路基路面性能的均匀性、变异性及病害,结合沿线路基内部病害、路面表观病害、排水设施技术状况现场调查,初步确定路基全范围内过湿、湿软路基土的分布范围。GPR法通过车载或汽车牵引方式在公路表面快速获取全路段的雷达影像数据(图6-35),反演出路面结构层厚度、路面结构层性能的均匀性、变异性及病害,识别路床范围内过湿、饱水、湿软路基土的分布范围。普查阶段湿度检测技术参数见表6-6。

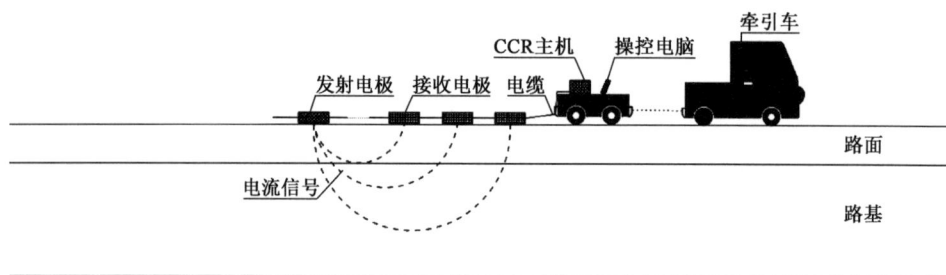

图6-34　CCR法大范围普查路基湿度

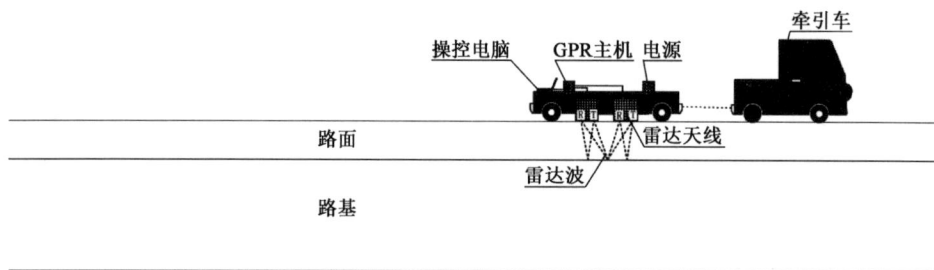

图6-35　GPR法大范围普查路基湿度

普查阶段湿度检测技术参数　　　　　　　　　　　　　　　表6-6

序号	方法	测试参数	检测频次
1	GPR	天线频率:400～600MHz 采集时窗:20～100ns 采集样点数:512～1024 行车速度:30～60km/h	连续采集, 每20m不少于1个湿度数据点
2	CCR	电极距:2.5～5m 发射电极交流电频率:1.6kHz 行车速度:10～20km/h	连续采集, 每20m不少于1个湿度数据点

6.4.3　重点区详查

公路改扩建工程施工图设计阶段,在初勘阶段全路段路基湿度状况普查基础上,针对筛查出的过湿、湿软路基重点路段,采用 GPR + CCR 法重点详查湿度异常区的湿度状况,在待检道路现场从起点到终点先后采用 GPR 和 CCR 进行测试,采集待检路段 GPR、CCR图谱数据(图 6-36);利用 GPR 成像图谱识别路面结构,计算路面结构整体厚度和整段路面结构的平均含水率;利用路面厚度及平均含水率等作为电阻率计算的约束条件,采用高斯-牛顿迭代方法求解得到路基范围内的电阻率;利用电阻率-含水率关系模型将路基土电阻率转换成含水率,从而实现对路基重点区域路基过湿隐患点的精准定位。详查阶段湿度检测技术参数见表 6-7。

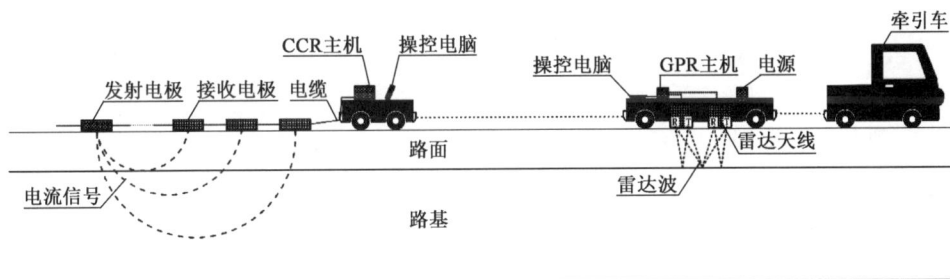

图 6-36　GPR + CCR 法重点区详查路基湿度

详查阶段湿度检测技术参数　　　　　　　　表 6-7

序号	方法	测试参数	检测频次
1	GPR	天线频率:600 ~ 900MHz 采集时窗:30 ~ 60ns 采集样点数:1024 ~ 2048 行车速度:15 ~ 30km/h	连续采集, 每 2m 不少于 1 个湿度数据点
2	CCR	电极距:1.25 ~ 2.5m 发射电极交流电频率:1.6kHz 行车速度:3 ~ 30km/h	连续采集, 每 2m 不少于 1 个湿度数据点

6.4.4　隐患点核查

针对详查阶段筛查出来的过湿隐患点,采用钻探或槽探进一步核查路基的湿度状态与服役性能。隐患点钻孔或开槽后(图 6-37),在槽孔中采用 TDR 湿度测试仪现场测试路基含水率,或者采集路基土密封后带回室内采用烘干法测试含水率,分析核查路基土饱和度并评价湿度状态。核查阶段湿度检测技术参数见表 6-8。

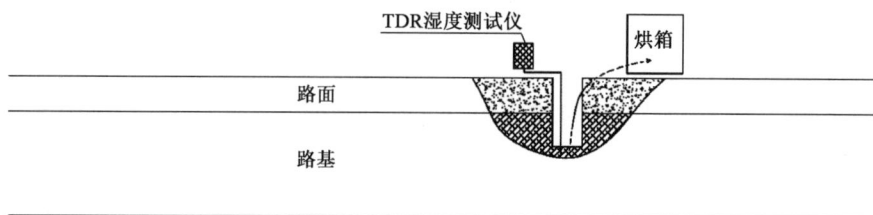

图 6-37　钻探或坑探核查路基湿度

普查阶段湿度检测技术参数　表 6-8

序号	方法	测试参数	检测频次
1	钻孔	深度:至路床底面 孔径尺寸:不小于150mm 开孔方法:干法作业	每5km检测路段不少于1处
2	探槽	深度:至路床底面 开槽尺寸:边长不小于1m 开孔方法:干法作业	每10km检测路段不少于1处
3	TDR测试/ 烘干法测试	精度:小于0.5%	每个探孔/槽不少于3个数据点

6.5 本章小结

本章展示了 GPR、CCR 和 GPR + CCR 识别路基含水率方法在野外不同工况的测试验证结果,并分析各种方法的准确性和应用效果,主要结论如下:

(1)GPR 路基湿度无损检测技术在河南封丘某省道等 3 种不同等级公路中进行了工程应用,发现该方法可以获得分米级公路含水率信息,对识别横断面路基含水率变化非常有利。但由于很多情况下难以识别路床反射信号,对该技术的大规模应用有待进一步研究。

(2)CCR 路基湿度无损检测技术在甘肃武威某县道沙漠公路等两条公路中进行了工程应用。发现在不同地质条件下路床含水率测试结果均在合理范围内,并较好地反映了含水率的空间变化特征。值得注意的是在利用公路设计的面层厚度信息对 CCR 数据进行了约束反演的情况下,该信息的偏差会给 CCR 法的路床含水率探测带来一定误差。CCR 含水率探测精度还受路基土填料电阻率与含水率关系模型参数的影响。若路段土质差异较大,相同的参数可能会给水率换算带来一定的误差。

(3)GPR + CCR 路基湿度检测技术在广东某高速等 3 条运营公路中进行了工程应用,连续测试了一般填方路基、挖方路基、半填半挖、高填方、软土路基等典型路段路床湿度,并将无损检测结果与现场开槽实测含水率进行了验证对比,发现该方法检测路基含水率的绝对误差可控制在 2.8% 以内。

(4)与目前公路工程检测中常规路基湿度检测方法相比,GPR + CCR 路基湿度检测的空间分辨率从公里级降到米级,对现有路基湿度状态的检测效率提高了 5 倍以上。

(5)据改扩建工程不同设计阶段的需要,结合不同路基湿度检测方法的技术特点、精度、效率和经济性,提出了运营期公路路基湿度状态的"CCR 全路段普查→GPR + CCR 重点区详查→钻挖探隐患点核查"分阶段检测技术体系,实现了对运营路基性能的分类分级检测。

CHAPTER 7

第7章

总结与展望

7.1 总结

本书针对既有公路路基湿度(含水率)无损检测问题,以 GPR 和 CCR 两种地球物理方法为核心手段,采用室内实验、理论分析和现场测试等技术手段,系统研究联合 GPR + CCR 无损检测方法构建、路基填料电磁特性、检测技术参数优化配置、数据分析算法等。主要结论如下:

(1)建立了基于 GPR 和 CCR 的运营公路路基湿度无损检测方法,提出了 GPR + CCR 耦合检测路基湿度三种集成模式。

①搭建了通过 GPR 反射波信息和介电常数-含水率关系模型获取路基路面结构和含水率,以及由 CCR 影像数据和电导率-含水率关系模型获取路基含水率的技术路径。

②建立了 GPR + CCR 耦合检测运营公路路基湿度的技术方法。该方法以 GPR 获取的路面结构厚度、含水率等作为先验信息,并以此构建约束模型来优化 CCR 反演获取路基含水率。

③提出了 GPR + CCR 耦合检测路基湿度三种集成模式,包括填料空间分布信息约束集成、结构层深度信息约束集成、局部电阻率/含水率信息约束集成。

(2)掌握了典型路基填料介电常数/电阻率随含水率、压实度的变化规律,提出了砂质土、黏质土、改良土等填料的介电常数-含水率、电阻率-含水率关系模型及参数。

①压实填料的介电常数主要受含盐量、含水率、土质类型等影响,一般路基压实填料的介电常数主要取决于它的含水率,压实度在 90% ~ 96% 范围内变化对填料的介电常数影响不显著,压实度对典型路基填料的介电常数-含水率关系模型影响不显著,但材料差异对校准模型的准确性影响更大。

②压实填料的含水率与介电常数之间呈单调递增函数关系,可采用多项式模型与 Alharathi 模型刻画,多项式模型精度更高、Alharathi 模型简单实用,一般路基填料推荐采用 Alharathi 模型,盐渍土宜采用多项式模型。总体而言对于砂质土填料,模型预测体积含水率均方根误差(RMSE)在 3% 以内,而对于黏粒含量较高的改良土材料,其校准模型预测体积含水率误差略高于 3%。

③一般黏质土、砂质土、掺砂改良土填料的含水率-介电常数 Alharathi 模型参数较为接近,其中 $a = 0.10 \sim 0.14$、$b = -0.27 \sim -0.14$,砂质土的 a 值比黏质土的大,掺砂改良土的参数介于黏质土和砂质土之间。掺灰改良土不同压实度的拟合参数差别较大,实际应用中应考虑掺灰比及压实度对介电常数-含水率关系模型的影响。

④在不同压实度条件下,各种路基填料的电阻率与含水率的关系利用 Archie 公式、指数函数、对数函数拟合均能得到较好的拟合结果。但压实度对电阻率-含水率关系模型具有重要影响。在低含水率区段,不同压实度的拟合曲线差异更大,而在较高含水率区段,不同压实度拟合曲线较为接近。因此,建议利用 Archie 模型计算公路路基填料含水率。此外,试验发现 Archie 模型的胶结指数与填料密实程度有关。对路基压实土来说,为提高基于电阻率测量含水率的精度,有必要进行参数校正。

(3)明确了路基湿度无损检测技术的检测设备和现场数据采集技术要求,优先提出 GPR 和 CCR 现场测试的关键参数配置。

①GPR 应采用多通道探地雷达仪器,配备不少于 2 个一发多收式高频雷达天线,采集时窗通常设置在 50ns 左右。当探测对象是面层时,天线中心频率可选择用 $1 \sim 2$GHz,而当探测对象是路基时,可选择中心频率在 $400 \sim 900$MHz 范围内天线。

②CCR 宜选用电容耦合式电阻率测量仪器,发射和接收偶极间的距离(电极距)越小,采集的信号效果越好,但探测深度越小。根据设备发射/接收偶极长度和公路结构探测深度要求,电极距宜取 $1.25 \sim 5.0$m,测试深度为 2m,最佳发射和接收偶极间的距离建议为 $1.25 \sim 2.5$m,测试深度为 $3 \sim 4$m 时距离选用 5m。

③对野外不同类型公路结构进行测试发现,利用 GPR 定性识别公路浅层结构以及利用其定量识别路床含水率具有可行性。通常高速公路路面相对较厚,可达 $60 \sim 80$cm,而低等级公路路面厚度通常在 $40 \sim 60$cm。由于路面结构内各层厚度相对较薄,建议采用 $600 \sim 900$MHz 天线采集层内反射信号。由于其埋深相对较深,在湿润地区需要利用中低频雷达天线如 400MHz,确保信号穿透深度可达路床底板。

④利用 CCR 在野外不同类型公路结构进行测试发现,在城市人口密集区,各种电磁干扰和电线、导体等会影响 CCR 采集视电阻率的精度,干扰强烈地区数据呈现杂乱无章

的大范围波动,可能无法反演出有意义的结果。此外,在反演计算过程中发现,二维测线的半空间近似方法在视电阻率方面存在较大误差,其主要出现在高路堤的深度范围内。通过计算得到的实际地形几何因子,修正后的视电阻率的反演结果与真实值吻合良好。此外,GPR 信息约束反演结果能清晰地反映出路面与路基的分界面,与实际公路面层材料特征更为吻合。同时,对路基上部(路床)的反演结果也更为准确,能显著提高定量反演准确性。

(4)研究给出了 GPR、CCR、GPR + CCR 数据反演算法,开发了相关数据处理分析程序。

①GPR 反演算法主要通过预处理好的成像图谱识别路面结构界面,挑选不同采集位置处路面底反射雷达波的传播时间,利用雷达波传播时间反演计算路面层厚度和介电常数,再通过介电常数-含水率关系模型将路面层介电常数转化为路面含水率。

②CCR 反演算法以路面整体厚度和电阻率等先验信息为约束条件,将 CCR 观测数据、模型参数正演计算结果的最小二乘作为拟合项,与正则化项之和作为反演目标函数,采用高斯-牛顿迭代方法求解,获取路基范围内的电阻率分布。

③GPR + CCR 联合反演算法的关键在于雷达数据反演结果对电法反演过程的约束,包括结构约束和电阻率约束。当 GPR 提供精准的面层厚度信息时,则利用该面层结构信息约束电法反演;而当 GPR 提供精准的面层电阻率信息时,则利用该面层电阻率信息约束电法反演,从而提高含水率反演的准确性。

(5)工程应用了 GPR、CCR、GPR + CCR 检测既有公路路基含水率,论证评价了检测精度和应用效果,提出路基湿度分阶段检测方法。

①GPR 路基湿度无损检测技术工程应用表明,该方法可以获得分米级公路含水率信息,对识别横断面路基含水率变化非常有利。但由于很多情况下难以识别路床反射信号,其大规模应用有待进一步研究。

②在工程中应用 CCR 路基湿度无损检测技术发现,该方法在不同地质条件下路床含水率测试结果均在合理范围内,较好地反映了含水率的空间变化特征。但在利用公路设计的面层厚度信息对 CCR 数据进行了约束反演时,路面层厚度及含水率信息的偏差会给 CCR 方法路床含水率探测带来一定的误差。

③GPR + CCR 路基湿度检测技术工程应用表明,该方法连续测试了一般填方路基、挖方路基、半填半挖、高填方、软土路基等典型路段路床湿度,将无损检测结果与现场开槽实测含水率进行了验证对比,发现该方法对路床含水率的绝对误差可控制在 2.8%以内。

④与目前公路工程检测中常规路基湿度检测方法相比,GPR + CCR 路基湿度检测的空间分辨率从公里级降到米级,将现有路基湿度状态检测效率提高了 5 倍以上。

⑤根据改扩建工程不同设计阶段的需要,结合不同路基湿度检测方法的技术特点、精度、效率和经济性,提出了运营期公路路基湿度状态的"CCR 全路段普查→GPR + CCR 重点区详查→钻挖探隐患点核查"分阶段检测方法,实现运营路基性能分类分级检测。

7.2　展望

本书在路基含水率检测领域实现了创新,建立了 GPR 和 CCR 的联合无损检测技术。鉴于地球物理探测技术的复杂性及公路工程现场条件的多变性,该领域仍有诸多问题亟待深入探究。

1)公路材料电磁特性与含水率模型数据库

GPR 和 CCR 探测路基湿度的准确性,依赖于路面和路基填料的电磁特性与含水率模型。然而,在公路的建设与维护过程中,路面可能经历多次修补,导致其介电常数与含水率的关系发生变化。若假设所有路面特性一致,可能会降低 GPR 的识别精度。此外,路基填料多采用当地材料,不同填料的电导率与含水率关系模型参数存在较大差异。对于改良路基填料、盐渍土填料等特殊材料,更需要定制化的电导率-含水率关系模型。目前主要依赖现场取样测试或公路设计资料,但在大规模现场数据采集时,若缺乏相关资料支持,路面和路基的电磁特性-含水率模型的适用性面临挑战。未来研究可聚焦于开发针对性的电磁特性-含水率模型,并利用多源数据融合算法,构建自适应的公路材料电磁特性-含水率模型算法与数据库。

2)融合 AI 技术的智能数据处理

在本书中,使用探地雷达识别路面层信号时,主要采用人工检视方法,工作量巨大,效率有限,且依赖于解译者的经验。总体来看,无论是工作效率还是成本,都难以满足大规模公路数据采集后的数据处理需求。随着 AI 技术的迅猛发展,部分技术已应用于 GPR 数据的智能识别与处理,可显著提升工作效率。因此,建议未来继续优化现有的数据处理算法,并在此基础上引入人工智能算法,以替代部分人工处理工作,提高 GPR 数据处理的效率和准确性。

参 考 文 献

[1] 中华人民共和国行业标准. 公路养护技术标准：JTG 5110—2023［S］. 北京：人民交通
出版社股份有限公司,2023.

[2] 中华人民共和国行业标准. 公路路基路面现场测试规程：JTG 3450—2019［S］. 北京：
人民交通出版社股份有限公司,2019.

[3] 中华人民共和国行业标准. 公路路基设计规范：JTG D30—2015［S］. 北京：人民交通
出版社股份有限公司,2015.

[4] 中华人民共和国行业标准. 公路路基养护技术规范：JTG 5150—2020［S］. 北京：人民
交通出版社股份有限公司,2020.

[5] CUMBERLEDGE,G.,G. L. HOFFMAN,A. C. BHAJANDAS,et al. Moisture Variation in
Highway Subgrades and the Associated Change in Surface Deflections［J］. Transportation
Research Record,Vol. 497,pp. 40-49.

[6] ABO-HASHEMA,M. A.,BAYOMY,et al. Environmental Impacts on Subgrade Resilient
Modulus for Idaho Pavements［J］. The Transportation Research Board,TRB 81st Annual
Meeting,January 13-17,2002,Washington,DC.

[7] BURCZYK,J. M.,KSAIBATI,et al. Factors influencing determination of a subgrade
resilient modulus value［J］. Transportation Research Record(1462):72-78.

[8] KHOURY,N. N. and ZAMAN,et al. Correlation between resilient modulus,moisture
variation,and soil suction for subgrade soils［J］. Transportation research record,1874(1):
99-107.

[9] MOHAMMAD,L. N.,HUANG,et al. Regression model for resilient modulus of subgrade
soils［J］. Transportation Research Record,1687(1):47-54.

[10] CHARLIE S. BRISTOW,HARRY M. JOL,. An introduction to ground penetrating radar
(GPR) in sediments,Ground Penetrating Radar in Sediments［J］. Geological Society,
London,Special Publications.

[11] BARRINGER A R. Research Directed to the Determination of Sub-surface Terrain Properties
and Ice Thickness by Pulse VHF Propagation Methods［M］. Barringer Research Limited,
1965.

［12］ 程竹华,张佳宝,朱安宁.地透雷达技术概述及其在土壤学研究中应用的前景［J］. 土壤,2003,(1):22-26.

［13］ DIAMANTI N,REDMAN D. Field observations and numerical models of GPR response from vertical pavement cracks［J］. Journal of Applied Geophysics,2012, 81:106-116.

［14］ KRYSIŃSKI L,SUDYKA J. GPR abilities in investigation of the pavement transversal cracks［J］. Journal of Applied Geophysics,2013,97:27-36.

［15］ 李修忠,卢成明,李波涛.公路路面隐含裂缝的无损检测方法［J］.公路,2005(4): 137-141.

［16］ 刘江平,陈超,许顺芳.垂直裂缝的波场特征及实例［J］.工程地球物理学报,2004,1 (1):55-59.

［17］ 卢成明,秦臻,朱海龙,等.探地雷达检测公路结构层隐含裂缝实用方法研究［J］.地 球物理学报,2007,50(5):1558-1568.

［18］ SOLLA D J F,DE MATTOS PAIVA FILHO I,DELISLE J E,et al. Integrated regional networks for st-segment-elevation myocardial infarction care in developing countries:The experience of salvador,Bahia,Brazil［J］. Circulation:Cardiovascular Quality and Outcomes,2013,6(1):9-17.

［19］ TSOFLIAS G P,VAN GESTEL J P,STOFFA P L,et al. Vertical fracture detection by exploiting the polarization properties of ground-penetrating radar signals［J］. Geophysics, 2004,69(3):803-810.

［20］ SOLLA M,LAGÜELA S,GONZÁLEZ-JORGE H,et al. Approach to identify cracking in asphalt pavement using GPR and infrared thermographic methods:Preliminary findings ［J］. Ndt & E International,2014,62:55-65.

［21］ 范跃武,李修忠,白兴盈,等.探地雷达检测公路结构层裂缝实用方法研究［J］.公路 交通科技,2007,24(6):1-7.

［22］ 郭士礼,朱培民,施兴华,等.裂缝宽度对探地雷达波场影响的对比分析［J］.电波科 学学报,2013,28(1):130-136.

［23］ 李成香,强建科,王建军.地质雷达在公路裂缝检测中的应用［J］.工程地球物理学 报,2004,1(3):282-286.

［24］ BENEDETTO A,TOSTI F,ORTUANI B,et al. Soil moisture mapping using GPR for pavement applications［C］// 2013 7th International Workshop on Advanced Ground

Penetrating Radar. IEEE,2013:1-5.

[25] ALANI A M, ABOUTALEBI M, KILIC G. Applications of ground penetrating radar (GPR) in bridge deck monitoring and assessment[J]. Journal of applied geophysics, 2013,97:45-54.

[26] HUSTON D R,PELCZARSKI N V,ESSER B,et al. Damage detection in roadways with ground penetrating radar[C] // Eighth International Conference on Ground Penetrating Radar. SPIE,2000,4084:91-94.

[27] AL-QADI I L,LENG Z,LAHOUAR S,et al. In-place hot-mix asphalt density estimation using ground-penetrating radar[J]. Transportation research record, 2010, 2152 (1): 19-27.

[28] FAUCHARD C,LI B,LAGUERRE L,et al. Determination of the compaction of hot mix asphalt using high-frequency electromagnetic methods[J]. NDT & E International,2013, 60:40-51.

[29] LENG Z. Prediction of in-situ asphalt mixture density using ground penetrating radar: theoretical development and field verification[M]. University of Illinois at Urbana-Champaign,2011.

[30] LENG Z,AL-QADI I L,SHANGGUAN P,et al. Field application of ground-penetrating radar for measurement of asphalt mixture density:case study of Illinois route 72 overlay [J]. Transportation research record,2012,2304(1):133-141.

[31] SHANGGUAN P,AL-QADI I L. Calibration of FDTD simulation of GPR signal for asphalt pavement compaction monitoring[J]. IEEE Transactions on Geoscience and Remote Sensing,2014,53(3):1538-1548.

[32] LENG Z,AL-QADI I L. An innovative method for measuring pavement dielectric constant using the extended CMP method with two air-coupled GPR systems[J]. NDT & e International,2014,66:90-98.

[33] PLATI C,LOIZOS A. Estimation of in-situ density and moisture content in HMA pavements based on GPR trace reflection amplitude using different frequencies[J]. Journal of Applied Geophysics,2013,97:3-10.

[34] GROTE K,HUBBARD S,RUBIN Y. GPR monitoring of volumetric water content in soils applied to highway construction and maintenance[J]. The Leading Edge,2002,21(5): 482-504.

［35］ KLENK P,JAUMANN S,ROTH K. Quantitative high-resolution observations of soil water dynamics in a complicated architecture using time-lapse ground-penetrating radar［J］. Hydrology and Earth System Sciences,2015,19(3):1125-1139.

［36］ 余洋,刘争平,何雪松. 电阻率法对路基病害的调查与分析［J］. 四川建筑,2006, (3):73-75.

［37］ UTILI S. International Symposium on Geohazards and Geomechanics (ISGG2015)［C］// IOP Conference Series:Earth and Environmental Science. IOP Publishing,2015,26 (1):011001.

［38］ CHAMBERS D L. Logging road effects on breeding-site selection in Notophthalmus viridescens (Red-spotted Newt) and three ambystomatid salamanders in south-central Pennsylvania［J］. Northeastern Naturalist,2008:123-130.

［39］ LOKE,M.,2012. Tutorial:2-D and 3-D electrical imaging surveys. Geotomo Software, Malaysia.

［40］ AMENTE G,BAKER J M,REECE C F. Estimation of soil solution electrical conductivity from bulk soil electrical conductivity in sandy soils［J］. Soil Science Society of America Journal,2000,64(6):1931-1939.

［41］ ANNAN A P. Ground Penetrating Radar Principles, Procedures & Applications ［J］. Sensors & Software Inc,2003,278.

［42］ ARCHIE G. The electrical resistivity log as an aid in determining some reservoir characteristics［J］. Trans. AIMe,1942,146(99):54-62.

［43］ ASTM. Standard test method for water content and density of soil in place by time domain reflectometry (TDR) (D6780). In Annual Book of ASTM Standards,Vol. 04. 09. ASTM International. West Conshohocken, Pa. pp. 1311-1320.

［44］ BARAN E. Use of time domain reflectometry for monitoring moisture changes in crushed rock pavements. Proceedings,Symposium and Workshop on Time Domain Reflectometry in Environmental, Infrastructure, and Mining Application, Evanston, Illinois, Spec. Publ., 19-94,pp. 349-356.

［45］ BRILLANTE L,BOIS B,MATHIEU O,et al. Monitoring soil volume wetness in heterogeneous soils by electrical resistivity. A field-based pedotransfer function［J］. Journal of Hydrology, 2014,516:56-66.

［46］ BRUNET P,CLÉMENT R,BOUVIER C. Monitoring soil water content and deficit using

Electrical Resistivity Tomography (ERT)-A case study in the Cevennes area, France[J]. Journal of Hydrology,2010,380(1-2):146-153.

[47] BIRCHAK J R,C G GARDNER,J E HIPP, et al. High dielectric constant microwave probes for sensing soil moisture[J]. Proc. IEEE,1974,62(1):93-98.

[48] BURCZYK J M,KSAIBATI K, ANDERSON-SPRECHER R, et al. Factors influencing determination of a subgrade resilient modulus value[J]. Transportation Research Record, 1994,(1462):72-78.

[49] CAI J,WEI W,HU X,et al. Electrical conductivity models in saturated porous media:A review[J]. Earth-Science Reviews,2017,171:419-433.

[50] CALAMITA G,BROCCA L,PERRONE A, et al. Electrical resistivity and TDR methods for soil moisture estimation in central Italy test-sites[J]. Journal of Hydrology,2012, 454-455:101-112.

[51] CHAMBERS J,GUNN D,WILKINSON P,et al. Non-invasive time-lapse imaging of moisture content changes in earth embankments using electrical resistivity tomography (ERT), Advances in transportation geotechnics[J]. CRC Press,2008:489-494.

[52] CONSTABLE S C,PARKER R L, CONSTABLE C G. Occam's inversion:A practical algorithm for generating smooth models from electromagnetic sounding data[J]. Geophysics, 1987,52(3):289-300.

[53] MELO L B B,SILVA B M,PEIXOTO D S, et al. Effect of compaction on the relationship between electrical resistivity and soil water content in Oxisol [J]. Soil and Tillage Research,2021,208:104876.

[54] DRNEVICH V P,ASHMAWY A K,YU X, et al. Time domain reflectometry for water content and density of soils:study of soil-dependent calibration constants[J]. Canadian Geotechnical Journal,2005,42(4):1053-1065.

[55] FRIEDMAN S P. A saturation degree-dependent composite spheres model for describing the effective dielectric constant of unsaturated porous media [J]. Water Resources Research,1998,34(11):2949-2961.

[56] FRIEDMAN S P. Soil properties influencing apparent electrical conductivity:a review [J]. Computers and Electronics in Agriculture,2005,46(1-3):45-70.

[57] FILHO A M S,FURRIEL G P,CALIXTO W P,et al. Methodology to correlate the humidity,compaction and soil apparent electrical conductivity[C] // Electrical, Electronics

Engineering, Information and Communication Technologies (CHILECON), pp. 729-734.

[58] GERHARDS H,WOLLSCHLÄGER U,YU Q,et al. Continuous and simultaneous measurement of reflector depth and average soil-water content with multichannel ground-penetrating radar[J]. Geophysics,2008,73:15-23.

[59] GLOVER P. What is the cementation exponent? A new interpretation[J]. The Leading Edge,2009,28(1):82-85.

[60] GLOVER P. Geophysical properties of the near surface Earth:Electrical properties[J]. Treatise on Geophysics,2015,11:89-137.

[61] GUNN D A,CHAMBERS J E,UHLEMANN S,et al. Moisture monitoring in clay embankments using electrical resistivity tomography[J]. Construction and Building Materials,2015,92: 82-94.

[62] GÜNTHER T,RÜCKER C. Advanced inversion strategies using a new geophysical inversion and modelling library,Near Surface 2009-15th EAGE European Meeting of Environmental and Engineering Geophysics[J]. European Association of Geoscientists & Engineers, 2009,pp. cp-134-00052.

[63] GÜNTHER T,RÜCKER C,SPITZER K. Three-dimensional modelling and inversion of DC resistivity data incorporating topography—Ⅱ. Inversion[J]. Geophysical Journal International,2006,166(2):506-517.

[64] ISLAM T,CHIK Z,MUSTAFA M M,et al. Modeling of electrical resistivity and maximum dry density in soil compaction measurement[J]. Environmental Earth Sciences,2012,67 (5):1299-1305.

[65] JACKSON P,NORTHMORE K,MELDRUM P,et al. Non-invasive moisture monitoring within an earth embankment—a precursor to failure[J]. Ndt & E International,2002,35 (2):107-115.

[66] JONES S B,WRAITH J M,OR D. Time domain reflectometry measurement principles and applications[J]. Hydrol. Process,2002,16:141-153.

[67] KHOURY N N,ZAMAN M M. Correlation between resilient modulus,moisture variation, and soil suction for subgrade soils[J]. Transportation Research Record,2004,1874(1): 99-107.

[68] KOWALCZYK S,MAŚLAKOWSKI M,TUCHOLKA P. Determination of the correlation

between the electrical resistivity of non-cohesive soils and the degree of compaction[J]. Journal of Applied Geophysics,2014,110:43-50.

[69] KAATZE U. Complex permittivity of water as a function of frequency and temperature [J]. Journal of Chemical and Engineering Data,1989,34:371-374.

[70] LEWKOWICZ A G,ETZELMÜLLER B,SMITH S L. Characteristics of discontinuous permafrost based on ground temperature measurements and electrical resistivity tomography, southern Yukon,Canada[J]. Permafrost and Periglacial Processes,2011,22:320-342.

[71] LOKE M,ACWORTH I, DAHLIN T. A comparison of smooth and blocky inversion methods in 2D electrical imaging surveys[J]. Exploration Geophysics, 2003, 34 (3): 182-187.

[72] MOHAMMAD L N,HUANG B,PUPPALA A J,et al. Regression model for resilient modulus of subgrade soils[J]. Transportation Research Record,1999,1687(1):47-54.

[73] MUALEM Y,FRIEDMAN S. Theoretical prediction of electrical conductivity in saturated and unsaturated soil[J]. Water Resources Research,1991,27(10):2771-2777.

[74] OLDENBURG D W,LI Y. Estimating depth of investigation in DC resistivity and IP surveys[J]. Geophysics,1999,64(2):403-416.

[75] PAN X,WOLLSCHLÄGER U, GERHARDS H, et al. Optimization of multi-channel ground-penetrating radar for quantifying field-scale soil water dynamics[J]. Journal of Applied Geophysics,2012,82:101-109.

[76] ROODPOSHTI H R,HAFIZI M K,KERMANI M R S,et al. Electrical resistivity method for water content and compaction evaluation, a laboratory test on construction material [J]. Journal of Applied Geophysics,2019,168:49-58.

[77] ROSS N,BRABHAM P J,HARRIS C,et al. Internal structure of open system pingos, Adventdalen, Svalbard: The use of resistivity tomography to assess ground-ice conditions[J]. Journal of Environmental and Engineering Geophysics,2007,12(1): 113-126.

[78] ROTH K,SCHULIN R FLUHLER H,et al. Calibration of time domain reflectometry for water content measurement using a composite dielectric approach[J]. Water Resources Research,1990,26:2267-2273.

[79] RUBIN Y,Hubbard S S. Hydrogeophysics,50. Springer Science & Business Media.

[80] RÜCKER C. Advanced electrical resistivity modelling and inversion using unstructured

discretization[J].

[81] RÜCKER C,GÜNTHER T,SPITZER K. Three-dimensional modelling and inversion of DC re-sistivity data incorporating topography—I. Modelling[J]. Geophysical Journal International, 2006,166(2):495-505.

[82] RÜCKER C,GÜNTHER T,WAGNER F M. pyGIMLi:An open-source library for modelling and inversion in geophysics[J]. Computers & Geosciences,2017,109:106-123.

[83] SCHÖN J H. Physical properties of rocks:Fundamentals and principles of petrophysics [J]. Journal of Structural Geology,1997,19(11):1437.

[84] SCHUBERT G. Treatise on geophysics,11. Elsevier,Amsterdam,The Netherlands.

[85] SCHWARTA B F,SCHREIBER M E,YAN T. Quantifying field-scale soil moisture using electrical resistivity imaging[J]. Journal of Hydrology,2008,362(3-4):234-246.

[86] SELADJI S,COSENZA P,TABBAGH A,et al. The effect of compaction on soil electrical resistivity:a laboratory investigation[J]. European Journal of Soil Science,2010,61(6): 1043-1055.

[87] SHAH P,Singh D. Generalized Archie's law for estimation of soil electrical conductivity [J]. Journal of ASTM International,2005,2(5).

[88] SIDDIQUI S I,DRNEVICH V P. A new method of measuring density and moisture con-tent of soil using the technique of time domain reflectometry. Report No. FHWA/IN/ JTRP-95/9,Joint Transportation Research Program,Indiana Department of Transporta-tion,Purdue University,Ind. 271 pp.

[89] SJÖDAHL P,DAHLIN T,ZHOU B. 2.5 D resistivity modeling of embankment dams to assess influence from geometry and material properties. Geophysics, 2006, 71 (3): G107-G114.

[90] TOPP G C,DAVIS J L,ANNAN A P. Electromagnetic determination of soil water con-tent:measurements in coaxial transmission lines[J]. Water Resources Research,1980,16 (3):574-582.

[91] WAXMAN M,SMITS L. Electrical conductivities in oil-bearing shaly sands[J]. Society of Petroleum Engineers Journal,1968,8(2):107-122.

[92] 别康,石战结,田钢,等. 电容耦合式电阻率法在城市遗址考古勘探中的应用[J]. CT 理论与应用研究,2017,26(2):157-164.

[93] 李化建,谢永江,易忠来,等. 混凝土电阻率的研究进展[J]. 混凝土,2011(6):35-40.

[94] 钱觉时,徐姗姗,李美利,等.混凝土电阻率测量方法与应用[J].山东科技大学学报(自然科学版),2010(1):37-42.

[95] 杨云见,米晓利,宋喜林,等.应用电容耦合电阻率法检测道路隐患[J].物探与化探,2009,33(3):350-353.

[96] 吴存兴,张燕清,吴昌兴,等.TDR 技术在高塑性土路基含水率监测中的应用[J].公路,2008(11):43-47.

[97] 李洋.典型路基土复合介电特性试验研究[J].公路与汽运,2010(2):66-70.

[98] 张刚,郭秀军,王淼.土方路基铺筑质量 GPR 反射波法检测研究[J].路基工程,2011(3):1-4.

[99] 朱安宁,吉丽青,张佳宝,等.不同类型土壤介电常数与体积含水率经验关系研究[J].土壤学报,2011,48(2):263-268.

[100] 廖红建,孙俊煜,昝月稳,等.土的介电常数模型及其工程运用探讨[J].岩土工程学报,2016,38(S2):36-41.

[101] 付伟,王云,何斌,等.一种不损伤路面的路基湿度高精度连续快速检测方法及系统中国:CN202211175951.3[P].2022-11-25.

[102] 付伟,何斌,王云,等.一种运营道路路基湿度快速检测方法及系统.中国:CN202211175952.8[P].武汉:2022-11-25.

[103] YOU Y,PAN X,FU W,et al. Topographical effect of high embankments on resistivityinvestigation of the underiying permafrost table[J]. Permafrostand Periglac Process,2023:1-9.

[104] 王云,付伟,潘喜才,等.考虑含水率变化的路基压实填料介电特性试验研究[J].2024,路基工程,233(2):1-5.

[105] 中交第二公路勘察设计研究院有限公司,中国科学院南京土壤研究所,等.基于GPR 的路面结构层厚度和含水率分析软件 V1.0,2023SR0709344,2023.06.26.

[106] 中交第二公路勘察设计研究院有限公司,中国科学院西北生态资源环境研究,等.基于 GPR 和 CCR 的路基含水率分析软件 V1.0,2023SR0731113,2023.06.27.

[107] 中华人民共和国行业标准.公路土工试验规程:JTG 3430—2020[S].北京:人民交通出版社股份有限公司,2020.

[108] 中华人民共和国国家标准.土工试验方法标准:GB/T 50123—2019[S].北京:中国计划出版社,2019.

[109] 中华人民共和国行业标准.公路工程地质勘察规范:JTG C 20—2011[S].北京:人民交通出版社,2011.

[110] 中华人民共和国行业标准.公路路基施工技术规范:JTG T 3610—2019[S].北京:人民交通出版社股份有限公司,2019.